소소한 웃음꽃들이
매일매일 피어나기를 바랍니다.

저자 김아연

사랑의 거리 1.435미터

사랑의 거리 1.435미터

초판 1쇄 발행 2022년 10월 31일
2쇄 발행 2022년 12월 24일

지은이 김만년
펴낸이 장길수
펴낸곳 지식과감성#
출판등록 제2012-000081호

교정 이혜지
디자인 이현
편집 이현
검수 서은영
마케팅 고은빛, 정연우

주소 서울시 금천구 벚꽃로298 대륭포스트타워6차 1212호
전화 070-4651-3730~4
팩스 070-4325-7006
이메일 ksbookup@naver.com
홈페이지 www.knsbookup.com

ISBN 979-11-392-0740-8(03810)
값 14,500원

- 이 책의 판권은 지은이에게 있습니다.
- 이 책 내용의 전부 또는 일부를 재사용하려면 반드시 지은이의 서면 동의를 받아야 합니다.
- 잘못된 책은 구입하신 곳에서 바꾸어 드립니다.

"이 도서는 2021년도 한국문화예술위원회창작기금 지원사업에 선정되어 발간된 작품입니다."

지식과감성#
홈페이지 바로가기

김만년
수필집

사랑의 거리 1.435미터

저자의 말

―

 서른다섯 해, 은륜의 세월을 쉼 없이 돌아왔다. 눈이 오고 비가 오고 어느 바람 부는 날에도 기차는 달렸다. 사람들을 떠나보내고 사람들을 기다리던 불면의 시간이었다. 어머니의 부고장을 받고 고향과 반대로 가는 기차를 몰던 날도 꽃은 슬픔 모르게 피고 졌다. 앞만 보고 달렸다. 퇴행할 수 없는 것이 기차의 숙명이다.
 달리다가 문득 돌아보니 내 그리움의 기항지가 사라졌다. 이제는 가고 없는, 만질 수 없는 부표들이 마음의 지층을 오래 떠돌았다. 떠돌던 것들이 엽서가 되고 시가 되고 더러는 수필이 되기도 했다. '어머니'란 질료를 오래 붙들고 있었다.
 시를 놓고 잠깐 수필로 외도한다는 것이 십 년이 넘은 것 같다. 시는 첫사랑처럼 아련한 것들이 되었다. 꼭 한 번은 그 절해고도의 외길로 돌아가고 싶지만 시를 잊고 산 날들이 많았다. 그렇다고 수필에서 일가를 이루지도 못했다. 털어보니 쭉정이만 한 됫박이다. 계륵 같은, 이걸 어쩌나? 망설이는데 묵은 글들이 따리를 틀고 나를 째려본다. 미안한 마음에 주섬주섬 수필집이란 옷을 입혀 외출준비를 시킨다.
 수필의 원질은 그리움이다. 그리움은 대개 과거로부터 온다. 과거는 퇴행성관절염처럼 저리고 아프다. 아픈 것이 수필이다. 그래서 수필은 기억의 집을 짓는 일처럼 허무하다. 그러나 나는 그 기억의 힘으로 오늘 하루를 견인한다.

독수공방으로 글을 썼다. 그래서 규범이나 전형성에 구애받지는 않았다. 그러나 힘이 많이 들어갔고 수사修辭과잉이 늘 마음에 걸린다. 과한 상상력이 인과성에 장애가 되지는 않을까도 싶다. 언어를 낭비한 것도 같다. 부끄럽다. 그러나 또 고맙다. 남루한 주머니에 문학이란 잔고가 있었기에 내 삶이 영 허전하지는 않았다.

지렁이 보폭으로 걷다보니 작품집 한 권을 내는 데 이십 년이 걸렸다. 강산이 두 번 변한 시간이다. 책을 꼭 내야 하는가. 이런 어정쩡한 생각으로 게으름을 피우는 사이 속수무책 시간이 흘러갔다. 오래 묵히다 보니 독자들에게 시간적인 혼돈이 올 수도 있겠다. 부득이 발표지면과 연도를 달았다. 이제 골방에 갇혀 있던 글들이 나를 떠나 세상의 공로公路로 흘러가겠구나. 누군가에게는 한 스푼의 그리움, 또는 자잘한 햇살이 되었으면 좋겠다.

들에 섰다. 직장에서 하방 되어 논두렁 밭두렁을 이불 삼아 자연인처럼 살고 있다. 참외 순을 치고 농수로에서 미꾸라지 천렵을 한다. 강아지와 달리다가 노천탁자에 털썩 앉아 막걸리 한 사발 벌컥, 들이킨다. 어, 시원하다. 그렇게 살고 싶다. 글이 오면 쓰고 안 오면 버려두고, 풀벌레 찌르레기 소리로 땀을 씻으며 나를 풀밭으로 방목하고 싶다.

나를 여기까지 배웅해준 아내와 가족들, 철길에서 만난 정든 직우들, 그리고 나를 스쳐간 수많은 인연들에게 '고맙다'는 말을 전한다.

2022년 가을, 일산 민들레농장에서

김 만 년

차례

저자의 말　　　　　　　　　　　　　　　　4

노을을 읽다

탈	15
독도, 닻을 내리다	20
채마밭 소묘	24
소낙비 내리는 동안	30
몽돌	36
즐거운 조문	40
하늘다리 가는 길	45
민들레농장 열애기	49
하회에 젖다	54
맛있는 술잔	59
감자 먹기 좋은 날	63
노을을 읽다	68

사랑의 거리 1.435미터

기적소리, 그 멀고 아련한 것들에 대하여	77
월정리역 비가	83
사과 한 알의 모정	88
철의 향기	93
지하철 타는 아이	98
러브 오브 시베리아	103
사랑의 거리 1.435미터	108

오래된 집

상사화는 피고 지고	117
마당	122
찐빵이 익어가는 저녁	127
헛기침	133
여섯 명의 은전 도둑	138
샘치기	142
한 장의 사진	147
오래된 집	152

양치기 개와 춤을

성형시대　　　　　　　　　　161
막걸리애愛　　　　　　　　　166
마지막 벌초 세대　　　　　　172
탑골애상　　　　　　　　　　178
두부야 미안해　　　　　　　184
불임의 계절　　　　　　　　190
개나리꽃 단상　　　　　　　196
그들의 소망　　　　　　　　201
꾸구리와 미꾸리　　　　　　207
양치기 개와 춤을　　　　　　212

발을 잊은 당신에게

가재, 꼬리를 내리다	221
아내의 그림	227
둥지	233
장닭 임종기	238
밤을 주우며	242
연리목	247
두 켤레의 운동화	252
아내의 붓다	257
발을 잊은 당신에게	262

　오래전이었습니다. 나는 낙타의 혹부리 등에 올라앉아 광활한 사막을 여행했습니다. 낙타는 눈 까만 새끼들을 등에 업고 고달픈 삶을 걷고 있었던 게지요. 낙타는 무쇠로 만든 심장과 다리를 가지고 있었습니다. 폭풍의 모래언덕도 거뜬히 넘어가는 쓰러지지 않는 거대한 바오밥 나무였지요. 사막의 오아시스였고 전능한 점술사였습니다. 언제나 필요한 물과 기댈 수 있는 등이 되어주었습니다. 사구砂丘를 헤쳐 나가는 지혜와 우물의 위치를 가늠해주었습니다. 그런 낙타가 있어 나는 행복했습니다.

태양이 불바람을 일으키던 어느 날이었습니다. 낙타는 외마디 비명과 함께 털썩 주저앉고 말았습니다. 입 안 가득히 모래를 문 채 그만 숨을 놓고 말았던 게지요. 무쇠심장이 멈추고 무쇠다리가 꺾이는 순간이었습니다. 낙타를 너무 믿었던 것일까요. 나는 두려움에 떨며 낙타를 끌어안았습니다. 처음으로 등에서 내려와 낙타의 슬픈 눈을 보았던 게지요. 눈망울 가득 새끼들의 걱정이 그렁그렁 젖어 있었습니다. 어린 새끼들을 등에 업고 긴 노역의 밤을 건너온 흔적이 역력했습니다. 그날 어미낙타는 울지 않고 나는 오랫동안 울었습니다.

몇 갈피의 세월이 흘렀습니다. 그 옛날 어미낙타가 가늠해준 별자리를 따라서 어린 새끼들을 등에 지고 사막을 걷습니다. 험한 모래언덕을 오르면서 지난날 어미낙타의 단단했던 무쇠다리를 생각합니다. 매운 눈물을 흘리면서 낙타의 눈썹이 길어진 까닭을 생각합니다. 어느새 내 등에 돋아난 혹부리 굳은살을 만지며 낙타의 고단했던 삶을 생각합니다. 한 방울의 체액마저 남김없이 짜내고 울지 못하던 낙타의 주름진 눈을 생각합니다. 숨을 놓는 순간까지도 지친 내색조차 않던 낙타의 슬픈 습성을 생각합니다.

파르스름한 사막 너머 별자리를 뒤적이는 밤, 어미낙타 한 마리 오늘도 내 꿈 밖을 서성이고 있습니다.

- 김만년, 「울지 않는 낙타」

노을을 읽다

창망한 바다에 홀로 서서 말간 햇덩이 억만 번은 길어 올렸으리라. 청동새 날아오르던 백악의 노을 바라보며 눈빛 짓무르도록 고국의 산맥을 연모해왔을 게다.

탈

마당은 이미 춤판으로 후끈 달아올랐다. 각시탈이 퇴장하자 넉살 좋은 백정탈이 나온다. 도끼와 칼을 들고 마당을 어슬렁거리며 구경꾼들에게 조소와 위트를 보낸다. 춤을 추는가 싶더니 일순 고개를 숙인다. 섬뜩한 광채가 탈 아래턱을 스친다. 순식간에 소머리를 후려친다. 구경꾼들이 비명을 지르는데 어느새 백정탈은 몽두리춤을 추며 "양기에 좋은 쇠불알 사시소"라며 능청을 떤다. 불촉천민이라는 태생적 한계 때문일까. 눈가의 웃음마저 짙은 비애가 묻어 있다. 미간을 타고 스치는 칼자국과 날선 주름이 그의 거친 생애를 말해주는 듯하다. 고개를 들면 호탕한 사내의 웃음이요, 고개를 숙이면 비장한 검투사가 되는 것이 백정탈의 숙명이다.

애잔한 태평소 가락이 몇 방울의 비를 부를 즈음, 때맞추어 할미탈의 구슬픈 베틀가가 마당을 적신다. 돌연 구경꾼들이 숙연해진다. 낡은 베틀에 패랭이꽃 같은 세월을 서리서리 감는다. "춘아춘아 옥단춘아"로 시작되는 할미탈의 느린 산조가 움푹 패인 탈의 입모양과 묘한 일치를 이루면서 듣는 이의 심금을 울린다. 고추 같은 시집살이에 찔레꽃 따먹으며 보릿고개를 긴 한숨으로 넘었다던 어머니의 일생을 지금 저 할미탈이 읊고 있는 것일까. 삶이 힘들 때면 진양조 한풀이로 넘고, 신명이라도 뻗치면 중중모리 몸춤으로 넘어가던, 여인네들의 삶이란 그렇게 서릿발 같은 인생길 굽이굽이 넘어 온 게로구나. 깊게 패인 할미탈 위로 휑하니 주름진 세월만 달아나는구나.

젖은 햇살 속으로 몇 줄기의 여우비가 지나간다. 이런 날을 두고 '호랑이 장가가는 날'이라고 했던가. 호랑이 대신 산중의 스님이 나타났다. '꾸구럭꾸구럭' 개구리 독경소리로 구경꾼들의 웃음소리를 바리 가득 탁발한다. 도롱상투를 쓰고 장삼자락을 휘날리며 '부네'를 희롱한다. 실눈에 헤벌린 입 모양이 이미 세속을 부지기수로 넘나들었을 성싶다. 오줌 눈 자리에서 오금 춤을 추는 부네의 요염한 교태에 그만 몸이 먼저 반응한 모양이다. 이미 몸은 달아 선계도 육바라밀도 부네의 치맛자락 밑의 뜬구름이 아닌가 싶다. 기녀妓女에 의해 단단한 금강경 한 줄이 파계破戒되는 순간이다. 구경꾼들의 통쾌한 웃음이 오히려 스님의 일탈을 응원한다. '아하, 스님도 인간이었구나. 스님에게서 탈이란 세속으로 가는 치장이었구나. 밥을 빌어 몸을 보시하고 몸을 빌려 부처에 이르라고 했는데 스님은 몸을 빌려 부네를 업고 줄행랑을 치는구나. 〈쌍화점〉이나 〈목자득국木子得國〉이 그냥 생긴 노래는 아니었구나.' 이런 생각에 절로 실소가 터져 나왔지만 오히려 마음은 개운했다.

맞은편에 히잡을 두른 외국여자들이 무언가 귓속말로 소근거린다. 노인 두 분이 춤판이 바뀌는 틈을 타 어깨를 들썩이며 배꼽춤을 춘다. 아이들이 까르르 넘어간다. 우리 민족은 정말 '흥'이라는 유전자라도 가진 것일까. 남녀노소 모두가 덩실덩실 춤판을 달군다. 둥둥둥~ 북소리는 여름들판의 새들을 날리고 만상의 풍요를 부른다. 하회탈이 선대의 모든 계층을 포함하고 있다면 지금 구경꾼들 역시 모든 계층을 망라하고 있는 듯하다. 십대들만 모인 공연장이나 중년들만 선호하는 음악회와는 그 성격이 사뭇 다르다. 아이들부터 팔순의 할머니까지, 눈 까만 동양인부터 코 큰 서양인까지, 하회탈은 그렇게 메마른 세상에 추임새를 넣고 있다. 사람과 사람을 하나로 묶고 있다.

춤판은 어느새 파장으로 치닫고 있다. 징소리에 맞추어 도포자락을 휘날리며 양반탈이 등장한다. 탈 아래로 곧게 뻗은 수염의 허풍스러움이 팔월염천을 희롱한다. 탈 중의 탈이 분명하다. 산천초목의 기운을 다 빨아먹은 듯, 상相의 기운이 호방하다. 육간대청에서 '어험~' 하면 대문 앞 장송도 머리를 조아릴 기세다. 진지성과 풍류, 근엄성과 호방함을 탈 하나에 모두 담고 있다. 어쩌면 저 눈썹 아래로 흐르는 완만한 곡선이 이 마을, 하회河回를 휘돌아가는 강심江心에 닿아 있는지도 모른다. 치맛자락처럼 휘늘어진 저 강물의 유장한 가락이 하회탈을 여기까지 데리고 온 것인지도 모른다.

껄껄거리는 양반탈의 여유를 시기라도 하듯 작달막한 선비탈이 도끼눈을 흘긴다. 궁색한 티가 탈의 눈꼬리에 꾀죄죄하게 붙어 있다. 무언가 불만이 있는 듯 연신 잔기침을 한다. 굴뚝에 연기가 오르지 않아도 천하태평 글만 읽는 사람이 내가 아는 선비인데 지금 저 선비탈은 그런 분위기를 느낄 수 없다. 중탈이 아예 드러내놓고 인간의 이중성을 가감 없이 보였다면, 양반탈은 안과 밖이 고묘히 소통한다. 턱의 분리효과로 호방성과 근엄성이 이질적으로 보이지 않는다. 그러나 선비탈은 내면의 욕구와 온갖 궁색이 탈을 쓰는 순간에도 나타난다. 오랜 궁핍 때문일까. 탈이라는 '페르소나'가 완전하게 작동하지 못하는 인간형이다. 선비는 이미 체면이라는 탈마저 벗어버린 것 같다. 옹색하지만 솔직하다.

비 그친 하늘이 낭창하다. 덩덕쿵~ 세마치장단이 하늘을 울린다. 드디어 맘판이 올랐다. 양반과 선비 사이에 소불알 쟁탈전이 시작된다. 학식을 겨루며 '흠흠' 점잖을 떨던 두 양반이 양기에 좋다는 백정의 말에 고개를 홱, 돌린다. 대뜸 백정에게 달라붙어 서로 '내 소불알'이라며 소불알을 물고 늘어진다. 우레와 같은 박수소리가 탈판을 달군다. 선비와 양반의 위선이 불촉천민 백정에 의해 깨어지는 순간이다. 그러나 백정탈 어디에서도 적의는 보이지 않는다. 웃음과 해학만 난무할 뿐이다. 그래서 쌓인 갈등이 완판으로 해소되는 순간이기도 하다.

개인이든 사회든 불만이 쌓이다 보면 종종 엉뚱한 방향으로 탈이 난다. 그 '탈'을 막기 위해 하회 사람들은 '탈'을 쓴 것일까? 하회의 '回' 자가 탈을 연상시키는 것도 아이러니지만 엄격한 유가의 본향에 탈판을 깔아준 양반들의 호방한 여유 또한 미소를 머금게 한다.

앉아 있는 탈의 모습이 모두 다르다. 아이의 탈은 해맑다. 세월 모르는 탈이다. 여학생의 얼굴은 각시탈처럼 곱다. 아직 세월의 두께가 내려앉지 않은 탈이다. 출랑거리는 초랭이탈도 보이고 광대뼈가 툭 불거진 옹고집탈도 보인다. 여름땡볕에 검게 그을린 건장한 백정탈도 보인다. 아직 움켜쥐어야 할 것들이 많은 탈이다. 뒤쪽 할미탈의 주름은 환하다. 인중으로 몰린 주름이 서글한 등고선을 그리고 있다. 발품과 노역으로 쫄아든 아름다운 훈패勳牌임이 틀림없으리라.

사람은 누구나 두 개의 탈을 가지고 살아간다. 하나는 내면으로 향하는 탈이고 하나는 밖으로 드러나는 탈이다. 안은 심성이고 밖은 표정이다. 밖을 향하는 탈은 위장이 가능하지만 대부분의 탈은 선비탈처럼 쉽게 읽히고 만다. 표정은 심성의 거울이기 때문이다. 자기 심성을 닦는 사람, 감추지 않아도 맑은 심성이 자연스레 드러나는 사람, 그런 사람을 보면 입가에 미소가 번진다. 만면의 미소를 머금은, 그런 사람을 닮고 싶다. 문득 얼굴로 손이 간다. 나는 어떤 표정일까. 긴 인생의 여정에서 나의 탈은 지금 어떤 모습으로 비춰질까.

『대구일보』 2011.10.4.
제2회 경북문화체험 대구일보전국수필대전 금상 수상작

독도, 닻을 내리다

 섬은 일월풍진에 깎여온 흔적이 역력하다. 두 개의 암청색 바위가 푸른 하늘과 맞닿아 있다. 먼 바다를 응시하는 풍모가 초병의 눈빛처럼 의연하다. 끼룩끼룩! 괭이갈매기들이 옥타브를 높이며 머리 위를 선회한다. 섬기린초, 괭이밥, 날개하늘나리…… 여리고도 강인한 생명들이 가파른 바위에 매달려 반가운 손짓을 한다. 모두가 친숙한 모국어들이다. 만 리 밖 초동樵童을 만난 것처럼 풀 한 포기, 돌 하나에도 애틋한 시선이 머문다. 아! 여기서는 갈매기도 아리랑곡조로 울고 파도도 휘모리장단으로 철썩이는구나. 나는 독도가 백두대간의 핏줄임을 단번에 알아챈다.
 암벽에 손을 얹으니 잔잔한 파동이 느껴진다. 지구가 소용돌이치던 어느 신생의 아침에 백두대간의 지층을 뚫고 불쑥 솟아올랐으리라. 창망한 바다에 홀로 서서 말간 햇덩이 억만 번은 길어 올렸으리라. 청동새 날아오르던 백악의 노을 바라보며 눈빛 짓무르도록 고국의 산맥을 연모해왔을 게다. 모태로부터 멀리 떨어진 홀로 섬이기에 독도는 그처럼 외롭고 파란만장한 생을 살아왔는지도 모른다. 낳은 정 기른 정도 없는 섬나라 사람들이 친자親子를 주장할 때마다 너는 또 얼마나 놀란 가슴을 쓸었으랴. 역사서나 지질학적 DNA를 찾아 한 번쯤은 네 족보에 대한 내력을 어찌 알아보고 싶지 않았겠는가. 독도가 땅땅, 억장가슴을 치며 기어이 나에게 일갈한다.

'나는 사백만 년 전 반도의 등뼈에서 떨어져 나왔다. 그 옛날 장군 이사부가 내 등뼈에 신라의 금령禁令을 양각한 이후 나는 일구월심 반도의 혈족으로 살아왔다. 닭바위, 가재바위, 숫돌바위, 물오리바위…… 일찍이 이 나라 백의민족이 나에게 붙여준 정겨운 이름들이다. 나의 출생과 성장을 지켜본 나라가 나의 조국일진대, 어찌 너희가 나의 호적을 함부로 입에 올리느냐. 대대손손 남을 노략질해온 못된 근성을 너희는 아직도 버리지 못하였느냐. 나는 반도 지천에서 흔하게 불리는 투박한 돌림자로 지어진 돌쇠, 돌섬, '독도獨島'이지만 너희들에겐 삼킬수록 쓰디쓴 '독도毒島'가 되지 않겠는가. 아이가 엄마를 단번에 알아보듯이 내 한순간이라도 태모의 젖줄을 잊었겠느냐. 탯줄로 이어진 모자지간의 정이기에 백두대간의 잔기침 소리에도 나는 자주 놀라거늘, 내 발밑에

이는 저 잔잔한 파동이 밤마다 천길 지층 산혈産血을 더듬어 반도로 가는 나의 발자국 소리임을 너희는 정녕 모르느냐.'

독도가 가뭇이 멀어진다. 나는 뱃전에 기대어 가만히 상상의 나래를 펼쳐본다. 아스라한 수평선 끝에 삐죽이 솟아오른 두 개의 원추형 기둥이 거함의 관제탑처럼 우람하다. 갑판 위로는 흰 새들이 쉴 새 없이 이륙한다. 그럴지도 모르겠다. 독도는 최대항심 2,000미터를 자랑하는 거대한 군함이라는 생각이 든다. 함선 밑에는 지름 10킬로미터가 넘는 해산海山 삼형제가 있다. 수많은 해양생물들이 서식할 수 있는 천혜의 적재함이다. 선실 바닥에는 수억 톤이 넘는 하이드레이트 신생연료까지 내장하고 있다.

저 군함은 사백만 년 전 동해를 지키라는 백두대간의 밀명을 받고 모기지 한반도를 떠나 동쪽으로 출항했으리라. 거함을 바다 한가운데에 정박시키고 일찌감치 부동不動의 닻을 내렸을 게다. 한반도를 배후에 두고 좌우 180도로 방어각을 고정시켰을 게다. 항속 제로! 천길 암반층에 정박한 탓에 애초부터 퇴각은 없다.

하 세월 동력을 끊고 물 떼의 흐름에 순응했으리라. 순한 눈망울로 반도의 별자리를 읽었으리라. 태풍에 불시착한 새들을 무릎 위에 앉히고 밤새 비바람을 다독이기도 했을 게다. 삐삐, 심해에서 들려오는 돌고래들의 극초단파로 수중음향을 탐지하거나 등에 붙은 고동이나 보라성게들의 해조음으로 적진을 탐지하기도 했을 게다. 묵호나 주문진 쪽에서 날아온 갈매기들의 모르스 음을 해독하며 '동해 이상 없음'을 뭍으로 가는 파도에 실어보내기도 했을 게다. 말미잘, 끄덕새우, 뱀고둥, 파랑돔, 해초들의 소형전단을 거느린 천혜의 보물섬, 독도를 나는 대한민국 동쪽 땅 끝에 닻을 내린 한 척의 초록군함이라고 명명해본다.

독도는 한반도의 최동단에 위치해 있다. 백두대간이 반도의 등뼈라면 백령도와 독도는 반도의 양쪽 날개에 해당된다. 지형으로 보면 백령독도는 모함인 백두대간을 학익진으로 호위하며 대륙으로 비상하는 형상이다. 영토의 극점인 한쪽 날개를 잃는다면 한반도가 어찌 당찬 비상을 약속할 수 있겠는가. 독도가 소중한 이유가 여기에 있을 게다. 철새들에게 독도가 구원의 섬인 것처럼 우리에게도 독도는 영토의 마지막 보루이자 자존의 뿌리인 것이다. 반도의 호위함이자 세세손손 뿌리내려야 할 한민족의 정신적인 닻이다.

멀리 독도가 초록해치를 열고 갈매기편대들을 힘차게 이륙시킨다. 군함 꼭대기에서 펄럭이는 태극기가 눈부시게 희다.

2015. 독도문예대전작품집
제5회 대한민국독도문예대전 최우수상 수상작

채마밭 소묘

어느 푸른 사람에게 편지를 쓸까. 아홉이랑 채마밭에 밑줄을 긋는다. 한 소쿠리의 봄 햇살을 이랑 가득 받아놓고 깨알 같은 자모들을 자근자근 눌러 쓴다. 아직은 비밀스러워 까뭇한 입술들을 꼭꼭 다문다. 두 자 혹은 세 글자씩 촘촘히 묻고 행여 문맥이 틀어질까 이름표를 달아준다. 흡족한 마음으로 밭둑에 앉는다. 겨우내 보이지 않던 할머니가 밭고랑에 앉아 있다. 겨울을 잘 나신 모양이다. 쑥대기 같은 저 손으로 올해도 부추꽃을 파다하게 피우지 싶다. 새들이 상수리나무 가지 위에 앉아서 휘파람을 분다. 손톱만한 애순들이 첫 문장을 내민다. 봄이다.

사월 내내 마른바람만 불어왔다. 긴 가뭄 탓에 채마밭은 아직 답장 한 줄 없다. 움씨를 뿌려야 하나, 조급한 마음에 열무 심은 자리를 손가락으로 조금 긁어보았다. 아뿔싸! 파릇한 싹들이 제 몸피만한 발가락을 달고 빛을 향해 달음질치고 있는 중이다. 무안한 마음에 얼른 도로 묻고 시침을 뚝 떼고 며칠을 더 기다렸다. 비가 왔다. 삼단 같은 고운 비 님이 오셨다. 퇴근하기가 바쁘게 밭으로 내달렸다. 아하! 그새 채마밭이 초록 글자들로 빼곡하다. 씨앗들이 연초록 돋움체로 성큼 발아되었다. 매사에는 때가 있는 법이라고, 성급하게 보챘던 나를 타이르듯이 재잘재잘 일어서는 초록 깃발들! 태양이 한 뼘 더 기울면 또 푸른 수다들을 일제히 대지로 타전시킬 모양이다.

하지 햇살을 등에 지고 감자를 캔다. 흙의 가슴팍에 호미를 깊숙이 찔러넣는다. 줄기를 당기자 어미감자의 쪼글한 반달 젖을 물고 토실한 알감자들이 오종종 달려 나온다. 늦잠 자던 땅강아지 한 마리도 눈이 부신지 덩달아 기우뚱거린다. 울퉁불퉁 못생긴 놈, 홀쭉한 놈, 영악스레 동그란 놈, 모양들이 제각각이다. 어쩌면 그 옛날 올망졸망하던 형제들처럼 생긴 모양들이 모두가 개구지다. 저렇게 육남매를 애지중지 품어 안고 줄기차게 땅 밑으로만 달려왔을 게다. 일찌감치 꽃대 꺾고 젖은 땅 맨발로 걸어왔을 게다. 묵정밭이 영근 감자밭이 되기까지 홀로 누대의 가계를 기우며 그믐처럼 사위어갔을 게다. 여섯 남매 어린 자음子音들 햇살 아래 풀어놓고 오래전에 음지로 돌아앉은, 썩어야 열매 맺는다는 옛 엄마를 지금 보고 있는 것이다.

바람난 여자처럼 유월땡볕에 앉아서 금분만 찍어 바르는 게냐! 간들거리는 몸매로 오가는 벌 나비 불러들여 만화방창 꽃만 피우는 게냐! 낳아놓은 새끼들 오달지게 키울 줄 모르고 오뉴월 뻘때추니 같은 서방질로 방울방울 새끼만 퍼질러놓은, 방울토마토 순을 친다. 하늘 가까이 달아난 꽃의 문장부터 분내 풍기는 여린 음절까지 모조리 가지치기를 한다. 사족이 된 잎들도 미련 없이 따준다. 훨씬 넓어진 음역을 따라 햇살이 차지게 들이친다. 염주 알 같은 토마토가 한 됫박은 됨직하다. 불임시술을 마친 손마디가 꽃물로 샛노랗다.

 칠월 장맛비에 채마밭이 쓰러졌다. 성한 문장들이 문맥을 잃고 둥둥 떠내려간다. 누이의 부고장이 채마밭으로 왔다. 오래 앓던 누이의 보랏빛 입술도 장맛비에 떨어졌다는 소식, 병 나으면 쉰 고개 너머로 열린 청산 같이 한번 휘 둘러보자던 누이는 혼자 청산으로 갔다. 구성진 달구소리에 소낙비 한줄기 지나간다. 그토록 잡고 싶었던 생이었을까. 바르르, 누이가 움켜쥐었던 하늘이 멍울멍울 푸르다. 흰 새 한 마리 누이의 전생을 물고 서천으로 사라진다.

 채마밭을 떠난 사이 장다리꽃이 피었다. 성근 잡초들을 뽑고 엉킨 행간을 바로잡아 무씨를 묻었다. 열매는 썩어 다시 움트건만 사람의 생사는 어찌 무씨만도 못 할까. 자늑자늑 몇 줄의 설움도 함께 묻는다. 등 뒤로 바람이 산산하다. 어느새 여름이 저만치 물러나고 있다. 지금쯤 먼데 누이의 햇봉분도 고들하게 말라가겠다. 차츰 구월이 오고 있다.

 매미가 떠났다. 한철을 밭둑어귀에서 울던 매미들이 약속이나 한 듯이 일제히 울음판을 닫았다. 붕붕 허공을 선회하다가 어디론가 종적을 감췄다. 어디로 갔을까. 매미는 내 얇아진 귀를 뒤척이며 며칠을 더 울었다. 우연히 느티나무 아래서 매미의 행방을 찾았다. 나무밑동이 그의 무덤이었던 것일까. 개미들이 묘혈을 파놓고 분주히 매미의 시신을 운구하고 있다. 고래古來의 풍습처럼 사지를 헹가래치며 그의 마지막 울음을 수습하고 있다. 울음을 참아 날개를 얻었지만 또 울음을 탕진한 죄로 사랑마저 잃었던 것일까. 매미가 우는 동안 사랑을 했고 환청처럼 그 나무 밑동에 앉아 깜박 조는 사이 내 젊음도 갔다. 그 청춘의 밑동엔 아직 그리움이 자라는지, 들판엔 꼭 그맘때 같은 비가 내린다.

　해질 무렵 밭둑에 앉았다. 바람의 기척에 풀잎이 흔들린다. 쇠뜨기, 명아주, 여뀌풀들이 푸른 휘장을 두르고 야외음악회를 준비하고 있다. 나는 숨을 죽이고 풀잎 뒤로 몸을 낮춘다. 어둑발이 내리는 고즈넉한 들녘, 푸르스름한 바람이 풀잎 악보를 더듬는다. 풀무치의 선창일까, 호르릉, 찌륵찌륵 쉬링쉬링, 풀벌레들이 일제히 목청을 돋운다. 어느 먼 나라에서 온 모국어일까. 말석에 앉은 나도 숨소리를 낮추고 화음을 조절해본다. 차츰 풀이 되고 풀벌레가 되고 쫑긋거리던 두 귀마저 초록 울음으로 물든다. 이윽고 멀리 천체를 돌리던 숨은 손 하나, 구름장막을 제치고 배불뚝이 달을 점등시킨다. 대지가 푸르스름한 달빛으로 서늘하다. 가을이 깊었다.

　푸른 지장紙帳을 휘둘러 천수경을 찍었을까. 녹의장삼을 두르고 하얀

거를 했던 걸까. 까만 사리똥 잎새마다 갈겨놓고 수도승처럼 동심원으로 꼬부라져 있던 배추벌레, 오늘 아침 우화등선했다. 꼬물거리던 무명의 시간 하얗게 돌아 사뿐히 청공을 날아오른다. 오! 깃털보다 가벼운 몸짓, 배추흰나비들이 노란 햇살 한 소절씩 물고 일제히 허공을 자맥질한다. 하얀 명주날개를 나부끼며 둘, 혹은 셋씩 짝을 지어 춤사위를 벌인다. 고깔 쓴 무희들이 원무를 그리며 나풀나풀 가을을 부추기고 있다. 아홉 평 채마밭이 나비들의 춤사위로 소소昭昭하다. 배추들이 실팍하게 살이 오른다.

빈들이다. 품 안에 자식들 다문다문 익혀 멀리 떠나보낸 어머니의 빈 가슴이다. 떠나지 못한 배추 몇 포기 늦둥이처럼 서있다. 만져보니 단단하다. "더도 덜도 말고 배춧속만 같아라." 옛 사람의 말씀처럼 겉은 허접해도 속은 실한 놈이다. 배추 한 포기를 쩍! 갈라본다. 연노란 꽃술이 오지게 찼다. 오상고절傲霜孤節 견딘 꽃이 어디 국화뿐이랴. 누가 배추 속을 꽃이 아니라고 할 것인가. 한 잎 씹으니 입 안에 노란 단물이 고인다. 영락없는 조선의 꽃이다. 꽃을 꽃인 줄 알고 먹어야겠다. 배추꽃이 야무지게 피었다.

채마밭을 일군 지도 올해로 열여섯 해가 지나간다. 채마밭은 하늘, 우레, 바람, 풀벌레들의 조율로 쓰여진 아홉 행간 초록시편들이다. 삶의 날씨가 건조해지거나 마음의 결이 곤두설 때면 나는 이 채마밭을 찾는다. 밭둑에 앉아서 파릇한 문장들을 읽다 보면 더러는 세상살이가 원경으로 보일 때가 있다. 미로 같던 길이 명료해지기도 하고 완강하던 집착을 내려놓을 때도 있다. 한들거리거나 살랑거리거나 찌르륵거리는, 그 작은 신神들의 전언을 채집하다 보면 어느새 팍팍하던 마음의 행간도 푼푼해지는 것이다. 심전경작心田耕作, 나는 밭을 갈았지만 실은 저 채마밭이 나를 일군 것이리라.

 차츰 일몰의 양기가 빈들로 번진다. 채마밭이 푸른 문장을 닫고 동면에 들 시간이다. 나는 또 긴 기다림에 밑줄을 긋는다. 그 파릇하고 촘촘한 글귀들이 움터오는 봄까지,

『에세이문학』 2022. 봄호
『The수필』 2023 빛나는 수필가 60 선정작

소낙비 내리는 동안

 들판 끝에서 메뚜기 떼 같은 것들이 새까맣게 몰려온다. 아까부터 서쪽 먹장구름이 심상치 않더니 기어이 한바탕 쏟아붓는다. 소낙비다. 직립의 화살촉들이 사방팔방으로 마구 꽂힌다. 나는 호미를 내팽개치고 농막으로 냅다 뛴다. 소낙비는 마치 적의 진지를 포격하듯이 토란과 깨꽃들을 무차별적으로 난사한다. 팔월염천에 축 늘어졌던 깨꽃들이 임을 만난 듯 비를 반긴다. 생글생글 깨춤을 춘다. 춤이 과한 몇 잎은 통꽃으로 떨어진다.

 나는 비에 갇힌 채 오도카니 앉아 비바라기를 하고 있다. 소낙비는 쇠로 만든 무기인가. 저 순연한 빗방울이 만물의 젖줄이 되기도 하지만 때론 세상을 쓸어가기도 하고 종내는 내 심장까지 직격하니 말이다. 불가근불가원, 가까이할 수도 멀리할 수도 없는 존재지만 나는 비에 대한 애착이 크다. 그것도 도발적으로 내리꽂는 소낙비가 그렇다. 비를 탄다고 해야 할까. 비가 오면 눅눅한 상념들이 달라붙게 마련인데 나는 외려 마음이 설렌다. 이런 날은 열일을 팽개치고 뭔가 근사한 궁리를 찾아야 될 것만 같다. 그야말로 만경평야 우장 없이 달려가 세월에 곰삭은 주모와 마주앉아 '나이야가라'며 동동주잔을 부딪쳐본들 또 어떠리. 이런 뜬금없는 생각들이 비를 타고 주룩주룩 나를 공략해오고 있다. 아주 나를 흠뻑 적셔놓는다.

들판을 지나가는 소낙비를 보노라면 달고 풋풋한 기억들이 떠오른다. 토란잎을 덮어쓰고 달리는 아이들 뜀박질 소리, 뒤란의 분꽃 냄새, 비설거지마당을 동동거리던 엄마 냄새, 큰물에 떠내려가던 원두막을 바라보며 연신 장죽을 말아 올리시던 아버지의 담배 냄새도 소낙비에 실려 온다. 한 편의 무성영화처럼 소낙비는 먼 데 있던 기억의 저장고를 통째로 싣고 와서 내 앞에 쏴아 부려놓고 달아난다.

코끝을 자극하는 비의 질감에 살구 냄새가 난다. 희끗희끗 달아나는 세월 뒤로 자꾸만 뒤돌아보이던 그 아리고 촉촉했던 기억이 작은 파문을 일으킨다. 나는 어느새 나이도 세월도 잊은 열댓 살 소년이 된다. 그게 사랑이었을까? 비 그친 비탈에서 도라지꽃처럼 살포시 웃던 소녀가 떠오르는 것이다. 비 햇살을 머금은 살구가 주홍빛 실금으로 톡톡 갈라지고 그 집 파란 대문이 열릴 때마다 내 마음도 덩달아 갈라지던,

그해 여름의 흑백사진 한 장도 비를 타고 배달된다. 내가 소낙비에 달 뜨는 이유인가도 싶다. 일상이 건조해지거나 생각이 마를 때면 어릴 적 뒷방에 감추어 둔 곶감을 빼먹듯이 나는 아내 몰래 살구나무집 소녀를 혼자 야금야금 꺼내먹는다. 새콤달콤한 기억의 맛으로 마른 감성을 적셔보는 것이다.

지나가는 날비려니 했는데 활강의 속도가 일정한 것을 보니 금세 그칠 비는 아닌 것 같다. 장마 끝 달구비에 농부는 물러터진 고추처럼 수심이 깊을 테고 나그네는 건들장마처럼 건들거리며 막걸리 생각이나 하련가. '비비' 하고 입술을 달싹거리니 입에서 '비비' 하는 새소리가 난다. 맨 처음 비의 이름은 누가 지었을까. 비의 어감은 참 곱기도 하다.

는개, 안개비는 여리고 촉촉해서 둘이서 흠뻑 맞아도 좋을 비다. 연인들의 뒷모습처럼 서로에게 기댈 수 있는 적당한 습도와 촉감이 있어서 좋다. 색시비는 누이의 버선발처럼 사부작이 지나가는 비다. 수줍은 듯 귓전을 사륵이다가 아침엔 흔적 없이 사라진다. 도둑비는 발아를 기다리는 농부의 새벽잠 속으로 온다. 밤새 도둑 발을 들고 살금살금 다녀가는 고마운 밤손님이다. 보슬비는 먼데서 임이 오는 기별 같은 비다. 색동저고리를 입고 봄 냄새를 물씬 풍기며 온종일 보슬보슬 걸어서 온다. 여우비는 맑은 날 잠깐 다녀가는 실비다. 호랑이를 볼까 무지개를 볼까. 여우비가 내리면 아이들은 비 햇살을 맞으며 논둑길을 달린다. 비 그친 보리누름사이로 숨는 여우가 연상되기도 한다. 해 지는 쪽에 앉아서 사막의 여우를 생각하던 어린왕자의 안부가 궁금해지기도 한다. 가랑비는 쓸쓸한 가을의 정취가 느껴지는 비다. 귀로, 이별 같은 단어들이 무작정 떠오른다. 모든 물상들이 머잖아 나목裸木으로 돌아가리란 예감 같은 비여서 고적감마저 든다. 이렇듯 비에는 이름만큼이나 다양한 삶의 무늬들이 채색되어 있다. 그러나 나를 달뜨게 하는 비는 역시 소낙비만 한 것이 없다.

  프로메테우스의 심술인가. 하늘의 절창絶唱인가. 서쪽하늘에 파란 불꽃이 인다. 불과 물의 싸움에서 일진일퇴 물러설 기미가 없다. 우레 소리에 깨꽃은 몇 번인가 까무러지고 나는 상심한 듯 비를 바라본다. 소낙비는 도발적으로 오지만 지나간 흔적은 깨끗하다. 사람과의 관계도 그랬으면 좋겠다. 생각이 많아 말의 지류를 맴돌지 않고 바로 가슴으로 직진하는 사람, 생각보다 마음이 먼저 오는 사람. 그런 사람을 만나면 뒷맛이 개운하다. 글도 소낙비처럼 썼으면 좋겠다. 일필휘지 세를 불려 단숨에 바다로 직진하는 소낙비처럼, 마침내 소용돌이를 죽이고 고요한 평심에 드는 바다처럼, 줄창 쏟아지다가도 쨍하게 반전을 도모하는 햇살처럼, 그렇게 시원하게 쫙쫙 한번 쏟아봤으면 좋겠다. 사랑도 소낙비처럼 왔으면 좋겠다. 추적거리는 장죽비처럼 오지 않고 문득 와서 나를 흔들고 가는 사랑, 처음부터 궁리가 없어 단순명료하게 가는 직선의 사랑, 그런 사랑은 위험하고 상처를 주기 마련이지만 시간이 지나면 여운으로 남는다. 내게도 그런 사랑이 있었던가. 기억은 아름다움으로만 채록되는 것인지, 모퉁이 돌아 온 길엔 가끔 꽃들이 보인다.

소낙비증후군일까. 오늘도 나는 길을 잃었다. 글 단장에 치중하다가 문맥을 놓치고 엇길로 빠졌다. 돌아갈까 그냥 갈까 망설이는 사이 뚝, 비가 그쳤다. 주막을 찾을까. 부침개를 구울까. 궁싯거리던 신파도 한풀 꺾였다. 내 생각도 이쯤에서 머츰해진다. 그저 물끄러미 물안개 피는 들판을 바라본다. '물끄러미'란 단어가 참 잘 어울리는 시간이다. 말이 끊기고 생각마저 끊긴 곳을 물끄러미는 방관자처럼 지나간다. 소용돌이치던 들판도 고요하다. 맹렬하게 고요하게, 그리고 천 갈래 지류로 뒤척이다가 하늘로 돌아가는 소낙비처럼 어쩌면 우리네 인생도 그런 것인지. 일생 직립의 욕망을 머리에 이고 총총거리며 삶의 격랑에 휩쓸리다가 종국에는 몇 그램의 재로 돌아가는 것인지.

사는 동안 비 오는 날이 많았다. 상처를 상처로 키우며 모로 누운 날도 많았다. 저 먹장구름 뒤엔 여전히 햇살이 내리고 있는데, 울고 웃던 날도 한바탕 소낙비처럼 지나가는 것인데, 비가 오고 꽃이 피는 들판, 그 우주의 끄트머리 어디쯤에서 나는 지금 티끌 같은 인생 한 구절을 받아들이고 있는 것인데, 가라앉히라. 고요해져라. 그래야 바다에 닿을 수 있단다. 소낙비는 나에게 그런 생각을 들게 한다. 곤두선 일상들을 일순 해제시키고 순연한 본성을 일깨운다.

비 그친 하늘이 새뜻하다. 자전거를 탄 노인이 은빛 햇살을 굴리며 농막 뒤로 사라진다. 정지된 물상들이 수런수런 비를 털고 일어선다.

나도 젖은 문장들을 털어 말린다. 어느 볕 좋은 날, 막힌 글 이랑에 물꼬를 터주고 엇나간 행간들을 수리해야겠다. 소낙비 속에는 꼬리 긴 여우가 살고 젊은 엄마가 살고 살구나무집 소녀가 산다. 나는 그 먼 데를 다녀온 것 같다. 소낙비 내리는 동안,

『수필오디세이』 2022. 가을호

몽돌

 한바탕 격류가 휩쓸고 간 뒤라서 그런지 강가에는 지층 깊숙이 숨어 있던 햇돌들이 많이 나와 있다. 돌의 온기를 느끼며 자근자근 맨발로 걷는 이 시간을 나는 좋아한다. 돌들의 형상은 하나같이 닮은꼴이다. 마치 갓 입문한 동자승들이 절간 뜨락에 앉아 재잘재잘 일광욕을 즐기는 듯 모두가 개구지고 정겹다. 느린 발끝에 유독 둥글고 반짝거리는 돌 하나가 채였다. 작은 몽돌이었다. 유심히 살펴보니 나이테 같기도 하고 사람의 귀 모양 같기도 한 몇 가닥의 문양이 고지도처럼 흐리게 새겨져 있다. 회색빛 결이 무척 단단해 보였다. 돌에도 나이테가 있을까. 이 돌은 어느 먼 시간에 살다가 여기까지 흘러온 것일까? 문득 돌의 여정이 궁금해진다.

돌의 문양 속으로 억겁의 풍화가 느껴진다. 흐릿한 돌의 등고선을 따라 세찬 눈발이 흩날린다. 먼 태허에서 불어온 백악의 바람이 만져진다. 모든 산맥들이 허공으로 융기할 때 미명의 하늘로 폭죽처럼 분출하던 돌들의 장엄한 군무가 그려진다. 수면을 박차고 하늘을 나는 익룡의 불울음소리도 들린다. 발등 까맣게 타도록 돌탑을 돌던 아사녀의 한숨소리도 들리는 것 같다. 유목민의 돌팔매에 매달려 핑핑 석기의 숲을 날다가 어느 시원始原의 강가에 뚝 떨어진 돌이라고, 그렇게 물 따라 바람 따라 정처 없이 굴러온 생이라고, 참 멀고도 고단한 여행이었다고, 마치 먼 시간의 행간 속에 오래 묵혀두었던 서책을 펼치듯이 수억 년 앙다문 돌의 내력을 나에게 넌지시 일러주는 것만 같다. 그랬을 것이다. 수십억 년 전 지구가 처음 생성될 때 아득한 심층부로부터 마그마가 분출하여 불쑥 솟아 오른 것이 바위산이 되었고, 바위는 다시 수억 년의 풍화를 거듭하면서 차츰 무르고 금이 갔을 것이다. 그 금 간 부분들이 모암으로부터 떨어져 나와 비로소 삐죽한 돌이 되고 다시 장구한 세풍에 탁마되어 이처럼 둥근 몽돌이 되었으리라.

격류를 타고 흘러온 시간들, 물 밖을 그리며 강바닥에서 잠든 세월은 얼마였을까. 풍우에 뭉개지고 짓이겨지면서 숱한 각들을 버리고 이렇게 둥근 몽돌이 되기까지 또 얼마나 많은 상처를 안으로 삭이며 인고의 시간을 살았을까. 손바닥에 올려진 돌을 가만히 내려다본다. 참 과묵하다. 회색빛 문양이 선맥仙脈처럼 아득하다. 절절함도 아쉬움도 없다. 마치 벽관에 돌아앉아 묵언하는 선승의 모습처럼 비정하고 초연하다. 귀는 있되 말이 없다. 바람소리, 물소리, 어느 먼 하늘 밑을 흐르던 운석의 소리까지 다 알아채고도 끝내 시치미를 뚝 떼고 한 마디도 내뱉지 않는다. 모서리들이 떨어져나가고 다시 상처가 아물던 긴 세월 동안 허공으로 튕겨 오르던 수많은 생각들, 그 생채기들을 온전히 제 속으로 들여앉혀 마침내 야무진 입 하나 품은 것일까. 여전히 돌은 말이 없는데 단단하게 결속된 돌의 심층 속으로 내 온갖 잡다한 생각들이 꼬리를 물고 스쳐간다. 내 안에 모난 돌 아직 많아서일까. 미처 털어내지 못한 삶의 예각들이 아까부터 명치끝을 뭉긋이 짓누른다.

한 무리의 새들이 강 상류를 거슬러 오른다. 저 새들은 강물의 속살에 수없이 많은 상처를 새기지만 강물은 상처로 여기지 않는 듯하다. 천연덕스럽게 열두 폭 새파란 가슴을 열어놓고 만상의 사물들을 궁굴려간다. 각진 둔덕들을 보듬으며 숱한 지류를 하나로 모아간다. 둥근 산, 둥근 집들을 제 속으로 품어 안고 무장 무장 바다로 흘러간다. 물결이 몽돌을 다스리던 장구한 시간에 누워 강물은 저렇게 제 몸 뒤척이며 흐르고 또 흐른다. 애초에 지향점이 낮으니 굽어 흐를 줄 알고 결이 부드러우니 큰 바위도 능히 따라간다. 강물이 직각으로 꺾이지 않고 곡선으로 에둘러 가는 이유를 이쯤에서야 짐작해본다.

돌은 여전히 묵언 중이다. '나의 과거를 탐문하려 들지 마라. 그냥 물 따라 바람 따라 흘러왔을 뿐이니, 흐르다 보면 이렇게 둥글어지기도 할 것이니, 종국에는 바람처럼 흩어지기도 할 것이니' 천년의 시간을 쪼아 만든 금강경이 마치 결가부좌를 틀고 한 말씀 하시는 것만 같다. 그럴지도 모르겠다. 언젠가 이 돌도 자갈이 되고 모래가 되고 마침내 흙으로 돌아갈 것이다. 그리고 풍진의 세월을 떠돌다가 다시 바위의 역사를 쓸 것이다. 그처럼 티끌 같은 나의 삶도 언젠가는 풍진으로 돌아가 먼 훗날엔 바위의 시간에 의탁할 것이다. 그렇게 둥글어지기도 할 것이다.

가을바람 소슬히 불어 어느덧 한 잎 더 붉어지는 나이에 와 있다. 짧았던 봄밤도 삶의 격류에 휩쓸리던 여름도 지나갔다. 스물이나 서른 즈음의 패기도 강물처럼 흘러갔다. 격렬하고 완강하던 시간이 떠난 자리에 어느새 순한 햇살이 내린다. 흐르는 강물에 생각을 맡기니 나뭇잎에 이는 바람소리도 들리고 한 뼘 땅도 과분하다고 하늘로만 귀 열어둔 나무들의 청정한 마음도 보인다. 갈수기에도 좀체 속내를 드러내지 않고 묵묵히 흘러가는 저 깊고 유려한 강심에서 어머니의 마음도 읽힌다. 하 세월 강바닥을 구르며 제 몸피를 닦고 있을 돌의 안부도 궁금해진다. 사는 게 그런가 싶기도 해 발걸음이 자꾸만 강심으로 기우는 해거름, 하나둘 각을 버리니 거슬릴 것 없어 오히려 반짝 빛나는 몽돌, 그 둥근 말씀 하나 가만히 품어본다.

『수필세계』 2015. 봄호
『제주 수필과 비평』 2022. 8호

즐거운 조문

　네 번째 조문길이다. 무덤 초입에 들어서자 등 굽은 소나무와 백일홍들이 어전의 신하들처럼 도열해 조문객들을 맞이하고 있다. 나는 대릉원 천마도가 그려진 입장권을 구입하고 신전에 드는 사제처럼 옷깃을 여민다. 긴 조문 꼬리를 따라 안으로 들어서자 서늘한 기운이 코끝을 스친다. 침침한 불빛에 이끌려 허공으로 눈을 돌리니 거대한 봉토 아래 촘촘히 박힌 돌들이 나의 시선을 압도한다. '덕업으로 사방을 덮으라'는 왕의 위엄이 서려 있는 듯, 돔형으로 배열된 돌들이 마치 거대한 천체의 성단처럼 경이롭다. 이만한 돌무덤을 쌓기 위해서 얼마나 많은 공력이 들었을까. 백성들이 배불리 먹고 살던 태평성대가 아니면 불가능했으리라.

해설사의 뒤를 아이처럼 졸졸 따라다니다 나는 문득 한 사내의 죽음 앞에서 걸음을 멈추었다. 천년의 세월을 건너온 흔적이 역력하다. 금제 허리띠에 달린 물고기 곡옥 달개들이 봉인된 고대의 시간을 암시해줄 뿐, 사자의 뼛골은 흙으로 진토된 지 오래다. 죽어 천년을 꿈꾸던 왕의 몸도 종국에는 한 움큼 흙의 반열에 들 수밖에 없다는 사후의 무상성을 저 무덤이 덤덤하게 말해주고 있는 듯하다. 금동날개, 금동나비, 달걀, 출토된 껴묻거리들 속에서 유독 날개달린 짐승들이 많다. 뭇 산천의 신들을 경배하며 선도를 실천하다가 사후에 새나 천마를 타고 하늘로 '돌아간다'는 불교공인 이전의 풍류적 내세관이 깃들어 있지 않았나 싶다.

일군의 사람들이 빠져나가자 무덤은 다시 적막하다. 침침한 불빛이 신묘한 상상력을 자극한다. 저 왕은 어느 먼 시간을 거슬러 여기까지 왔을까. 문득 한 사내의 전생이 궁금해진다. 나는 마치 커다란 웜홀에 빠진 듯 잃어버린 시간 속으로 타임리프를 돌려본다.

눅눅한 암향이 졸음처럼 쏟아질 무렵, 문득 육척장신의 사내가 몸을 일으킨다. 철커덕, 금동 칼을 허리에 차고 금관을 정제한다. 나는 황급히 머리를 조아리고 왕을 알현謁見한다. 왕은 푸른 갈기 눈썹을 휘날리며 천마에 올라앉는다. 금동등자에 발을 고정시키더니 "너는 나를 따르라"라며 천천히 서악을 향한다. 나는 시종처럼 왕의 뒤를 따른다. 멀리 금오산 자락으로 인가의 불빛들이 따끔따끔 피어오른다. 귀족과 양인들의 집이 토담과 싸리울을 사이에 두고 오밀조밀하게 어우러져 있다. 어슴푸레 이내 낀 남천으로 형형색색의 꽃등들이 떠간다. 아낙들이 소원 등燈을 띄우며 천지신명께 구복의 기도를 한다. '여랑여랑 여어랑~' 여나산가*를 부르며 붉은 그림자들이 원무를 그린다. 아이들은 무동을 타고 오색꽃가루를 뿌리고 백성들은 풍요를 부르며 태평성대를 대거리로 화답한다.

"대왕마마, 저것은 무엇을 하는 것이옵니까?"

"백성들이 흥을 즐기는 것이네. 금년엔 북쪽별자리에 무서리가 낀 것을 보고 미리 홍수에 대비했네. 또 집집마다 철제보습을 나누어주고 일소를 들인 덕분에 근래에 보기 드문 풍년이 들었네. 백성들이 나라에 곡물을 바치고도 곳간마다 곡식이 가득하니 어찌 즐겁지 아니한가. 신라의 덕업이 온 산천을 덮으니 꾀꼬리도 저리 즐겁게 낭창거리지 않은가. 하여 백성들이 꼬박 이레를 먹고 마시며 농무農舞를 즐기는 것이네. 제물을 천지신명께 바치고 하늘과 땅과 사람이 합일하여 신명이 뻗치도록 춤을 추니 백성들이 어찌 나라에 불만이 있겠는가. 백성들은 흥으로 한 해의 고달픔을 잊고 내년 농사를 준비할 테지만 나는 저 흥이야말로 천년 신라를 이끌어 갈 원력이라고 믿고 있네."

나는 왕을 따라 월성月城의 밤거리를 걷는다. 명활산성 잣나무가지에 보름달이 걸렸다. 남천 둑에 일찍 나온 황국이 수줍은 미소로 달을 마중한다. 미실이 사다함을 유혹하던 그 달빛일까. 고혹적이면서도 요염

하다. 월정교 난간에서 피리소리가 들린다. 한 무리의 낭도들이 일제히 월지月池를 향해 불화살을 쏘아 올린다. 풍류도風流徒의 기상이 서라벌의 밤하늘을 날아간다. 화살이 군무를 그리며 물속으로 내리꽂힌다. 월지가 온통 불바다로 출렁인다. 물과 불이 잠깐 상생하다 점점이 사라진다. "저 풍월도들이 장차 이 나라 백성들을 이끌어 천년왕국의 주춧돌을 놓을 것이네." 대왕의 표정이 푸르스름한 결기로 빛난다.

잘그랑, 황옥금패가 동풍에 나부낀다. 出자형 금관이 천상으로 솟구친다. 방울소리, 말발굽소리, 천년이 아득한데 한번 떠난 내 상상의 나래는 자꾸만 먼 고대의 지층을 달린다.

왕은 말없이 누워 있고 나는 하염없이 그를 바라본다. 왕은 알기나 할까. 왕의 소원대로 신라는 천년왕국을 이루었고 천 년 후에 다시 사람들의 가슴속으로 부활해오고 있음을, 육신을 풀어 고대를 현시하고 왕을 알현한 조의금으로 지금 서라벌의 후손들이 다복한 삶을 누리고 있음을, 빈자나 부자나 죽음 뒤의 덧없음은 똑같을진대 옥석을 깎아 비문을 새기는 산자의 아둔함에 비추어볼 때 오늘 저 왕의 사후死後는 그리 무상치만은 않은 듯하다.

밖으로 나오자 팔월 백중햇살이 눈부시게 따갑다. 능은 하나같이 둥글다. 봉긋이 솟은 곡선들이 둥근 하늘과 묘한 일체감을 자아낸다. 진시황의 무덤처럼 사후의 집착이나 삿된 결기가 보이지 않는다. 모두가 성모신의 미소처럼 온유하고 포근하다. 한 능을 지나니 마을이 보이고 마을 뒤에 또 능이 보인다. 집 뒤쪽이 무덤이고 집 앞쪽이 무덤이다. 신라인들은 오래 전부터 죽음과 친숙해왔던 것 같다. 삶과 죽음이 하나라는 믿음, 앞문으로 나간 죽음이 뒷문으로 다시 들어온다고 믿었기에 고대 신라인들은 달걀이나 새의 날개를 묻고 부활의 노래를 불렀을 것이다. 즐거운 마음으로 죽음을 맞이했을 것이다.

죽음을 대하는 신라인들의 기풍 앞에서 나는 지금 더없이 작아짐을 느낀다. 삶은 출궁出宮하는 순간부터 죽음이 포태되어 있고 죽음은 곧 영원의 시간으로 회귀하는 일일진대 나는 종종 죽음을 걱정한다. 나는 어떤 죽음을 맞이할까? 주어진 삶의 질량을 올곧게 채우지도 못하면서 혹 죽음 뒤를 노심초사하지는 않은지. 즐겁게 살다가 죽음마저 즐겁게 받아들인, 종국에는 있던 곳으로 '돌아간다'는 신라인들의 내세관이 망지亡地를 서성이는 나그네의 옷깃을 여미게 한다. 매미는 매양 곡비哭婢처럼 울고 풀빛은 더욱 푸르다. 푸르다 푸르다가 저 무덤도 언젠가는 평토에 들 것이다. 미진조차 없는 고요한 평심平心에 들 것이다.

멀리 계림의 닭 홰치는 소리가 들린다. '히히힝' 천마의 날개가 햇살 가득한 청공에서 금분을 털고 있다. 한 사내가 운문雲門 뒤에 걸터앉아 껄껄 웃는다. 나도 빙긋이 미소를 지어본다. 눈이 부시다.

*여나산가余那山歌: 초기 신라 때의 설화로 죽은 낭자를 그리워하며 부른 노래

『문학나무』 2020. 여름호

하늘다리 가는 길

　눈가에 달라붙은 새벽잠을 깨우며 서둘러 차를 몰았다. 일산이라는 최북단에서 하늘다리까지 오르기 위해서는 서둘러도 빠듯한 일정이다. 여름이면 가끔씩 찾는 곳이 봉화청량산이다. 출향한 지 어느덧 삼십 년이 흘렀지만 청량산은 언제나 눈감으면 아슴아슴 떠오르는 그리운 지명이다. 어머니의 흔적이 있고 내 유년의 태가 묻힌 고향이기 때문이다.
　한나절을 족히 달리니 드디어 정겨운 고향 냄새가 물씬 풍기는 명호면에 다다른다. 길가에 늘어선 금잔화가 일렬로 도열해서 살랑살랑 손을 흔들며 귀향객을 마중하고 있다. 멀리 기암괴석 아래로 이나리 푸른 강물이 치맛자락처럼 넘실댄다. 버짐 꽃 흩날리며 저 강을 거슬러 도회로 떠나던 때가 엊그제 같은데 어느새 귀밑머리 희끗한 반백의 세월이라니, 굽이굽이 감회가 새롭다. 청량산 앞 민박집에 여장을 풀고 늦을세라 아이들을 재촉해 산행을 시작했다. 그새 여우비 한줄기 다녀갔는지 산색은 더욱 짙푸르다.

청량산은 일찍이 퇴계선생이 성리학을 완성한 곳이다. "청량산 육육봉 아는 이 나와 백구 백구야 헌사하랴"라는 퇴계의 시구처럼 청량산은 예로부터 선비의 도량이자 은자의 산으로 전해진다. 산세가 선비의 절개처럼 곧고 강직하다. 또 스스로 드러내거나 우쭐댐도 없이 저 홀로 하늘을 받들고 독야청청한다. 청량산은 청량사淸凉寺란 고찰을 품고 있는 곳으로도 유명하다.

솔내음 그윽한 입석立石길로 접어드니 재 너머로 그리운 눈이 먼저 간다. 저 능선을 넘으면 내 고향 재산 땅이다. 가난한 누옥에서 생솔가지를 태우며 우리 어린 육남매를 아등바등 품고 살던 어머니의 따뜻한 체온이 느껴지는 길이다. 아슴아슴 달빛에 어머니 가신 길 물어보던, 이제는 지워지고 없는 불망의 길이다. 애진 기억 한 자락 새기며 산길을 오른다. 아이들은 산토끼처럼 깡충깡충 잘도 달아나는데 아내는 연신 가쁜 숨을 몰아쉰다.

산모퉁이를 도니 청량사가 팔월 염천에 가부좌를 틀고 고즈넉이 앉아 있다. 세상과 동떨어진 채 오직 바람과 풍경소리만 천년의 세월을 덧그리고 있다. "바람이 소리를 만나면 꽃이 필까 잎이 질까*" 달캉거리는 찻집 입간판의 글귀를 음미하며 안심당에 앉아 솔잎차 한 잔 기울이니 어느새 마음 한 자락이 맑아지는 것 같다. 평일이라 그런지 오가는 등산객들만 간간이 들릴 뿐 절간은 조용하다.

굽이굽이 돌아가는 일천계단 하늘 길, 끝이 보이지 않는다. 오를수록 두꺼워지는 숲의 지층, 날다람쥐 칡넝쿨 너머로 사라진 지 오래고 풀벌레, 나뭇잎 소리에 하늘마저 괴괴하다. 여기가 어디쯤일까? 돌 섶에 앉아 마른 숨을 턱턱, 내뱉는다. "아직도 멀었니껴?" 내려오는 등산객들에게 한 물음 던지면 등산객들은 매번 "다 왔니더, 조기 모랭이 돌면 하늘다릴시더"라며 싱긋 웃고 지나간다. 어쩌면 염화미소일까. "다 왔니더"라는 소리 열두 번도 더 들은 것 같은데 아직도 하늘다리는 보이지 않는다.

바람 건듯 부는 곳으로 한달음에 올라서니, '햐!' 하는 탄성이 절로 나온다. 퇴계의 화신인가, 김생의 필봉인가, 층암절벽 꼭대기로 솟구치는 저 백구, 아득한 원경으로 눈길 다시 돌리니 금탑, 문수, 축융, 선학, 자란…… 청량산 열두 봉우리 둥글게 둘러앉아 천년가람을 품고 있다. 육육봉을 에둘러가는 이나리 푸른 물은 젖줄처럼 굽이쳐 흐른다. 운무에 떠있는 하늘다리! 저 건너 어디쯤이 수미산일까. 마치 선계에 온 것처럼 하늘 위에 둥둥 나 홀로 떠있는 느낌이다. 두고 온 세간사가 티끌처럼 가볍고 지난 밤 근심이 연화봉에 뜬 구름 같다. 출렁출렁 한 걸음 옮길 때마다 온 생이 울렁거린다. 저기 첨봉 위에 우뚝 선 소나무들! 누가 저 많은 절을 산꼭대기에 올려다놓았을까. 짙푸른 송불사松佛寺들이 눈앞에 홀연히 펼쳐진다.

보아라, 그대 하늘다리에 오르거든/자란봉에 우뚝 선 조선솔 한 그루/바위 속에도 무른 길은 있어/천 갈래 불佛심지 뻗어 송불사松佛寺를 일으켰네/금탑 축융을 휘감는 법고소리에/눈 지그시 감으면/바람도 구름도 이 세상 것 같지가 않아/녹의장삼 펄럭이며 사바세계 굽어보는/예가 바로 수미산인가/층층구름 도솔 위에 좌정한 저 모습/바람 건듯 부는 날엔/뭇 창천에 탱화 한 획 긋겠네/수천의 침엽 꼿꼿이 세운 저기 저 하늘 붓

「하늘 붓」전문

절경에 도취되면 누구나 시인이 된다고 했던가? 층암절벽 위에 우뚝 선 소나무의 청청한 자태에 몰입된 나머지 나도 모르게 풍월 시 한 구절이 절로 흥얼거려진다. 발아래로 출렁이는 하늘다리! 그 아찔한 율동에 아내와 아이들도 연신 탄성을 지르며 절경을 줌업 하느라 바쁘다. 상쾌하고 홀가분한 이 기분, 하늘다리에 오르니 비로소 대자연과 내가 함께 호흡한다는 일체감에 흠뻑 빠진다. 이 오묘한 기쁨과 성취감은 오랫동안 기억에 남을 것 같다. 어느새 서녘 하늘은 몇 됫박의 노을을 엎질러놓고 여행객의 하산길을 재촉하고 있다. 청량정사, 김생굴, 산꾼의 집을 두루 탐방해보지 못한 것이 못내 아쉽지만 다음 날의 즐거움으로 남겨둔다.

*청량사 지현스님의 시 제목 인용

2010. 대구일보경북문화체험 수상작품집

민들레농장 열애기

　사방십리에 열애설이 파다하다. 도시농부, 민들레농장장, 농사광狂 등 이 사람들이 나에게 붙여준 애칭이다. 대부분의 직장인들은 쉬는 날이면 낚시나 산행을 떠나지만 나는 여름 한철을 까맣게 그을린 채 밭고랑을 누비는 도시의 촌놈이다. 농사를 생업으로 삼는 시골농부들이 보기엔 얼치기농사꾼이 틀림없겠으나, 민들레농장과 열애에 빠진 지 올해로 16년차가 되었으니 이젠 농사의 풍월 정도는 읽을 수 있겠다. 민들레농장은 경의선과 교외선이 만나는 일산신도시 초입에 있다. 처음엔 '농부가 따로 있나, 어디든 밭 갈고 씨 뿌리면 농부지.' 하는 가벼운 마음으로 교외선 옆 자투리땅을 개간했으나 이젠 규모가 제법 커졌다. 흙을 좋아하는 직장동료들과 함께 경작을 하고 있다. 이름하여 민들레농장이다.

농작물을 하루라도 못 보면 몸이 먼저 안달을 한다. 비가 오면 비가 와서 바람이 불면 바람이 불어서 밭에 간다. 퇴근시간이 늦어지면 눈도장이라도 꼭 찍고 간다. 순찰이라고 해도 좋고 문안인사라고 해도 좋다. 밭둑에 앉아서 살랑살랑 손짓하는 고 새파란 것들을 보노라면 만상의 시름이 다 사라진다. 콩죽 같은 땀을 흘리며 풀을 뽑고 옥수수밭등을 시원하게 긁어준다. 농우들을 채근하여 지줏대를 세우고 물고랑을 친다. 가뭄에 바짝 말라가는 농작물이 안쓰러워 퇴근길에 자동차라이트를 켜놓고 물을 주기도 한다. '저러다 말겠지' 하며 반신반의하던 원주민들도 이젠 나의 열성을 인정해주는 눈치다. 나를 '밤에 물 주는 아저씨'라 부르며 막걸리 잔을 권하기도 한다.

민들레농장에서 농사를 짓겠다는 직우職友들은 두 부류이다. 농사를 알거나 모르는 사람들이다. 농사를 모르는 사람들은 농사를 원경으로만 보았던 사람들이다. 무논에서 피사리를 하는 농부의 모습을 낭만적으로 본다. 농작물의 생태적습성이나 성장과정에서 오는 기쁨보다는 주로 풍성한 가을걷이에만 관심이 있다. 바짝 마른 봄과 잡초 무성한 여름을 건너온 농부들의 노고를 모른다. 시작은 의욕적이었지만 여름내내 보이지 않다가 가을에야 나타나서 척박해진 땅을 탓한다. 농사를 경제적 소출로만 생각하기에 포기도 쉽게 한다. 반면에 농사를 아는 사람은 처음엔 농사를 꺼려한다. 그러나 일단 시작을 하면 결실을 본다. 땅을 묵히거나 쭉정이 열매를 만드는 것을 죄악시한다. 밭갈이를 깊이해서 흙의 숨통을 터주고 우기를 헤아려 적기에 파종한다. 주말이면 아이들을 밭둑에 풀어놓고 푸르고 싱싱한 밥상이 어떻게 오는지 몸으로 체득시킨다. 결국 농사를 아는 사람은 농사를 겪어본 사람이다.

 농사를 겪었다. 농사가 싫어서 고향을 떠난 지 어느덧 삼십 년이 훌쩍 넘었다. 당시 우리 집은 고추와 담배 농사를 지었다. 담배 농사를 지어본 사람이라면 그 경작과정의 고단함을 짐작할 것이다. 특히 여름 방학 무렵에 일이 집중적으로 많았다. 방학 내내 나는 희미한 호야 등불 아래서 책 대신 담뱃잎을 넘겼다. 새끼줄에 담뱃잎을 꿰어 달고 사흘 밤낮 건조실 불가마를 지켰다. 팔월 염천에 밭고랑을 기며 끈적거리는 담뱃잎을 땄다. 밭고랑에 앉아서 늘매미 우는 소리를 들으며 이제나저제나 담배꽃 피기만을 기다렸다. 담배꽃이 필 무렵이면 지루했던 여름방학이 끝나고 학교에 갈 수 있었기 때문이다. 고교를 졸업하자마자 나는 고추 판 돈 이십만 원을 들고 도망치듯 서울로 왔다. 뽕밭 누에 같은 어머니를 그 담배고랑에 남겨두고,

 다시 흙을 만지게 된 것은 서른 후반 무렵이었다. 그때 나는 장남이란 짐을 아내에게 맡기고 세상의 변방을 떠돌았다. 삼십대를 오롯이 투쟁의 현장에서 보냈다. 세상을 흑과 백으로 단정 짓고 새파란 결기를 세웠다. 투쟁선언문을 휘갈기며 집회현장을 전전했다. 동생들과 홀시아버지를 모시는 아내에겐 미안했지만 이미 굴러가는 바퀴를 멈출 수는 없었다. 홍역 같던 90년대가 물러나면서 투쟁의 한 시절도 저물어

갔다. 강고하던 투쟁대오는 무너졌다. 이념도 푯대도 사라진 패잔敗殘의 겨울이었다. 상처투성이의 몸으로 직진만 고집하기에는 과녁은 불분명했고 내 의지가 부족했다. 나는 거기까지였다. 오랜 운동의 관성으로 몸도 마음도 지쳐 있을 무렵 흙을 만났다. 밭둑에 앉아서 어느 사형수 시인의 시를 읽으며 나를 돌아보았다. "딱딱한 껍질을 뚫고 잼잼잼, 손 내미는 연둣빛 이파리"들을 보면서 "부드러움이 강함을 이긴다"는 문장을 오래도록 새겼다. 선명했던 극지의 이념들이 차츰 묽어져갔다.

그렇게 나는 집으로 돌아왔다. 땅강아지 같은 아이들을 밭고랑에 풀어놓고 아내와 상추를 따고 감자를 캤다. 깻잎을 벙긋벙긋 넘기며 이게 다 돈이었으면 좋겠다며 아내는 깨꽃처럼 웃었다. 푸짐한 야채봉지를 들고 집으로 돌아갈 때면 나는 어느새 이웃집 초인종을 누르는 행복한 야채배달부가 된다. 저녁식탁이 푸르고 싱싱한 음표들로 풍성했다. 쌈을 싸는 아내의 입이 함지박만 했다. 백만 평의 대지주가 부럽지 않았다. 돌이켜보면 민들레농장은 나에겐 은인 같은 존재였다. 흙을 만지면서 절망과 상처의 시기를 견뎠기 때문이다. 그 풋풋한 것들과 마주하다 보면 어느새 격했던 마음도 누그러졌다. 비로소 그 옛날 어머니의 얼굴이 떠올랐다. 흙발을 동동 구르며 "삼시 세끼 밥 먹으면 됐다, 모나게 살지 말거라"는 어머니의 말씀도 그즈음에야 들렸다. 부디 성공하라며 나를 대처로 힘껏 떠밀어주시던, 그때 그 담배 밭은 어머니에겐 밥이고 하늘이고, 나는 그 하늘 끝에 매달린 애물단지 자식이었을 것이다.

그렇게 늦은 후회를 심으며 흙에 순종하고 흙에 위로받으며 흙의 말에 귀 기울이던 시간이었다. 치우침 없이 산다는 것, 성근 잡초를 뽑듯이 나는 그렇게 먼 길을 돌아와서야 내 마음속 편견의 가시들을 뽑아내었다.

모든 생명은 흙의 자궁에 뿌리를 내리고 흙의 즙을 먹으며 살아간다. 그리고 종국엔 흙에 귀속된다. 땅에 집착하는 사람들은 부의 수단으로서 땅을 갈망하겠지만 흙을 일구는 사람들은 생명의 원천으로서 땅을 사랑한다. 감자 한 알, 옥수수 한 톨에도 농부의 땀과 우주가 협동해서 얻은 소중한 결과물임을 알기 때문이다. 열여섯 해, 짧지 않은 세월을 나는 민들레농장에 공력을 들였다. 농사가 싫어서 고향을 떠났지만 지금은 흙이 좋아 귀촌을 꿈꾸고 있다. 결국 만상의 모태母胎인 흙으로 돌아가는 것이리라. 더 불편해지기 위해서, 더 간소해지기 위해서, '소로우'는 일찍이 월든 호숫가로 숨어들었다. 그 자족自足의 깊이를 다 가늠할 수는 없지만 언젠가 후미진 자연에 나를 의탁해보는 것도 괜찮을 듯싶다.

어느새 바람이 산산하다. 새들은 들판을 날고 곡식들은 살이 오른다. 지금 민들레농장은 가을파종이 한창이다. 땀을 흘리며 성근 잡초를 걷어내는 농우들의 모습이 믿음직스럽다. 살면서 괴롭고 힘들어도 자신이 좋아하는 일에 흠뻑 빠질 수 있는 사람은 행복한 사람이다. 민들레농장에 흠뻑 빠질 수 있어서 지금 나는 행복하다. 사랑에 들뜬 아이처럼, 강아지풀을 날리며 나는 오늘도 밭둑을 달린다. 거기 날 부르는 푸른 손짓들이 있기에,

『수필미학』 2019. 가을호

하회에 젖다

  마을초입을 들어서자 오색천이 만공滿空에 나부낀다. 덩더쿵~ 가을마당에 한바탕 춤판이 벌어졌다. 태평소와 뿔피리소리에 아이들도 삐삐풍선을 불며 추임새를 넣는다. 구경꾼들도 신명이 났는지 엉덩이를 실룩거리고 곱추춤을 추며 익살을 부린다. 스스럼없는 인정들이 이웃집 토담과 봉당으로 흘러넘친다. 누대를 이어온 안동사람들의 호방한 삶의 가락이 이곳 하회에선 지금도 징소리 쟁쟁한 현재진행형으로 생동하고 있는 듯하다.

  끝인가 싶어 골목을 돌면 어느새 길은 다시 시작된다. 길은 마당으로 이어지고 마당은 다시 이웃집 토담을 넘어간다. 길은 사람에 연연해서 실타래처럼 풀리고 이어지기를 반복한다. 초가와 초가, 고택과 고택이 回 자로 돌다가 回 자로 다시 만난다. 하회에선 '밤새 안녕하신가'라며 부러 대문을 두드릴 필요가 없겠다. 그냥저냥 골목을 돌다 보면 낮은 토담 너머로 집안의 사정들이 훤히 들여다보인다. 소통과 상생을 지향했던 선인들의 후덕한 마음씀씀이가 엿보인다. 그래서일까. 마을을 돌다 보면 누구나 스스럼없는 사이가 된다. 북촌 댁에서 스친 사람들을 삼신당 골목에서 조우한다. 슬쩍 웃으며 지나치다 충효당 만지송 앞에서 다시 만난다. 어느새 사진을 찍어주며 친근한 마음들을 섞는다. 화회의 조붓한 골목길이 주는 매력이다.

나는 남촌을 빠져나와 솔향기 그윽한 천변을 걷는다. 강물은 암녹색 고택을 띠처럼 두르며 유장하게 흘러간다. 물의 진폭이 넓고 의연하다. 일찍이 동쪽은 평안하다고 하여 安東이라 했던가. 병산들판을 말발굽 쳐 가던 삼태사의 푸른 군마가 큰 강을 연 이후, 안동은 민족의 정신적 본류로 도도히 흘러왔다. 강은 청량산 육육봉을 아우르고 도산 유림儒林의 숲을 휘돌아 하회에 다다르니 사람들의 심성은 물과 같이 유하고 덕망은 산처럼 높았으리라. 인의仁義의 필봉을 높이 들어 천 마리의 학을 부르고 만백성의 귀를 열어준 것은 강물의 심성이겠고, 왜구에 쓰러진 산천을 일으키고자 초인의 의지로 '광야'를 목 놓아 불렀던 것은 산의 준엄한 덕망이겠다. 강물은 유필처럼 부드럽게 휘어지기도 하고 때론 선비의 도포자락처럼 결을 세우며 흐르기도 하니, 저 강물의 뻗침과 휘어짐이야말로 하회사람들의 심성이 아니겠는가.

"에구, 다리몽댕이 뿌러질라. 언간하거덩 엉데이 쫌 붙였다 가시더!" 할머니가 할아버지를 부르며 천변에 털썩 주저앉는다. 할아버지는 뚱한 표정으로 먼산바라기를 한다. 피식 웃음이 난다. 저 노부부의 사이는 늘 저랬을 성싶다. 먼 듯 가깝게 헛기침 같은 세월을 정붙이며 살아온 듯하다. 치맛단을 올리며 열 걸음 뒤처져 가는 할머니의 뒷모습이 흑백영사기처럼 느리게 돌아간다.

하회에서는 물만 돌아가는 게 아니라 사람도 돌아간다. 에둘러가는 강물에 보폭을 맞추다보면 마음의 유속도 강물처럼 느려진다. 지친 마음 한 자락 깔고 강가에 앉으면 하회의 둥근 마음이 보인다. 만곡선으로 휘어져가는 강 자락에 어머니의 너른 품이 보인다. 객지에서 돌아온 자식의 다친 상처를 씻어주듯이 강물은 시큰한 발등을 어루만진다. 강물은 부용대를 들여앉히고 나는 다시 강을 마음에 들이며 걷는다. 탈춤 가락의 여흥이 아직 가슴 한쪽에서 콩닥거린다. 콧노래를 흥얼거리며 천변을 걷는 발걸음이 부네의 버선발처럼 가볍다. "먼데 하늘이 꿈꾸며 알알이 들어와 박힌" 저 푸른 강물이 바쁜 나그네의 마음을 한정 없이 붙든다.

나룻배를 타고 부용대로 향한다. 부용 초입에 이르자 옥연정사가 풍화에 젖어 고요하다. 일찍이 세상사 강 건너로 물리고 서쪽벼랑에 움을 틀고자 아호마저 서애西厓라고 했던가. 나는 옥연서당 뜰을 거닐며 고요한 상상에 잠긴다. 가만히 눈을 감으면 율원栗園에 밥 짓는 연기가 피어오르고 멀리 닭 홰치는 소리가 들려오는 듯하다. 싸리울을 친 초가들이 보이고 물동이를 이고 가는 옛사람들의 뒷모습이 보인다.

'며칠째 내린 눈이 옥연정사 솟을대문 위에 소복이 쌓였다. 촛불이 휘어지는 밤, 대감은 사랑채에 꼿꼿이 앉아서 유서 같은 징비록을 쓴다. 매운 눈발이 온 산천을 휩쓸어 임금은 파천播遷하고 백성들은 시름에 겹구나! 노 충신의 장탄식 눈물이 칠 척 견지를 적신다. 부용대 단애는 망국의 분을 삭이지 못해 결기를 곤추세우는데 뜰 앞 버드나무는 유柳 대감의 애진 곡조가 동성同姓의 설움인 양 삭풍에 울고 섰다.'

후대를 염려하는 대감의 우국충정이 사백 년을 거슬러와 하회의 푸른 물에 닿는다.

바람 건듯 부는 부용대에 오르니 발아래 눈썹달 같은 마을 하나 떠 있다. 어찌 부용에 오르지 않고 하회를 보았다고 하랴. 베네치아가 물 위에 세워진 인공도시라면 하회는 물이 빚어낸 자연마을이 아닐까. 세월과 비바람의 조력을 받아 강물이란 도공이 조탁해낸 천혜의 작품이 하회마을이지 싶다. 베네치아에서 〈산타루치아〉, 〈돌아오라 소렌토로〉가 연상된다면 이곳 부용대에서는 누군들 아라리 한 소절 흩뿌리고 싶지 않으리. 하회는 한반도 지형으로 보면 백두대간의 푸른 발등이 쉬어가는 쉼표 같은 곳이요, 정서적으로 보면 백의민족의 숨결이 곡진하게 묻어 있는 영남의 정신적 요람 같은 곳이 아닐까. 고단한 세월을 굽이굽이 넘어오다가 한 사나흘쯤 묵어가도 좋을, 하회는 나그네의 주막 같은 곳이라고 해도 무방하리라. 과거와 현재, 유형과 무형이 공존하는 곳, 지금도 입을 헤벌린 인간문화재들이 메마른 우리네 삶에 추임새를 불어넣어 주는 곳, 물이 돌아 사람도 돌고 우리네 팍팍한 인생도 신명으로 돌아가는 곳이 하회河回이다.

수림낙하樹林落霞라고 했던가. 수림에 비친 노을을 밀고 가는 강물의 모습이 참 유정하다. 한 점 연꽃 위에 징 소리 아련한 하회를 띄워놓고 흘러가는 강물, 지극히 선한 것은 물과 같다고 했으니 강물은 저 선함으로 다시 칠백 리 낙강을 굽이쳐갈 것이다. 때론 육자배기가락으로 사람살이 얽힌 매듭도 풀어주고, 가다가 지치면 영남루 난간에 기대어 밀양아리랑 한 곡조 풀어내기도 할 것이다. 하회의 노래도 그처럼 흘러가리라. 껄껄한 웃음들, 탈춤 흐드러진 풍악소리로 갈라진 인정人情들 서리서리 아우르며 흐르리라. '손에 손을 잡고 늴리리야 늴리리 노래 부르며 살아라. 각박한 인생길 마음에 흥 한 소절씩은 담아두고 살아라. 그리고 어느 가슴에나 고요히 젖어들어라' 그렇게 살라는 듯 하회의 푸른 물이 일필휘지, 내 마른 가슴에 부드러운 획을 그으며 흘러간다.

『에세이문학』 천료작. 2018.봄호

맛있는 술잔

아마 고1 여름방학 때쯤으로 기억된다. 우리 네 명의 깨복쟁이 친구들은 일찌감치 저녁을 먹고 방천 둑으로 내걸었다. 주머니에 딸랑거리는 몇 푼의 동전을 십시일반 모아서 인디안밥, 쥐포, 참외 몇 개 그리고 생전 처음으로 샴페인 두 병을 샀다. 고등학교를 각자가 다른 도시로 유학(?) 갔다가 방학을 계기로 만났기 때문에 반갑기가 그지없었다.

우리는 건달처럼 제법 의기양양해하면서 긴 방천 둑을 끼고 뿌연 달밤을 걸어갔다. 어디선가 여인네들의 웃음소리가 들려왔다. 농사일을 마치고 저녁상을 물린 여인네들이 정미소 앞 냇가에서 멱을 감는 모양이다. 우리는 아무렇지도 않은 듯 힐끔거리며 걸어가는데 친구 한 녀석이 느닷없이 논두렁을 낮은 포복으로 기어가는 게 아닌가. 고재종 시인의 "그 희고 둥근 세계"를 염탐해보려는 수작임이 분명해 보였다. 여인네들은 마치 세상근심 모르는 십대소녀들처럼 연신 키득거리며 멱을 감고 있었다. 풍덩거리는 소리와 깔깔거리는 소리들이 앞산 벼랑에 부딪히고 달빛에 부딪히며 한층 호기심 많은 십대들의 귀를 자극했다. 우린 묘한 공범의식을 느끼며 척후병처럼 염탐 나간 친구의 동태를 살피고 있었다. 둥글고 희끄무레한 여체들이 달빛을 타고 풍덩 미끄러지고, 반딧불은 살랑거리는 바람을 타고 깜빡거린다. 우리는 그 몽환적이면서도 신비로운 풍경에 심취해 침을 꼴깍거리고, 이 광경을 지켜보던 물푸레나무만이 부동자세로 바짝 긴장하고 있었다. 그때 누군가 "휘익!" 휘파람을 불지 않는가. 순간 정적이 감돌고, "누구얏!" 하는 고음의 소프라노가 냇가 쪽에서 들려온 것이다. 우리는 누구 먼저랄 것도 없이 방천 둑길을 내달리기 시작했다.

"야, 어차피 옷 벗고 있어서 잡으러 오지도 못하는데 뭐 글케 죽고살기로 뛰냐!"

염탐 나간 친구가 논에 빠진 신발 한 짝을 들고 툴툴거리고 있었다. 우리는 사선을 넘어온 전우들처럼 서로의 무사함에 안도하며 낄낄거렸다. 친구 중 누군가가 참을 수 없는 키득거림에 그만 휘파람을 불었던 모양이다. 우리는 억새소리 소소한 외진 천변에 자리를 잡았다. 풀벌레 소리를 안주 삼아 별들의 후광까지 받으니 술자리가 제법 그럴듯해 보였다. 생전 처음 사본 술인지라 호기심과 설렘으로 마음이 먼저 딸꾹질을 해댔다. 한 친구가 호기스럽게 샴페인을 땄지만 아뿔싸! 잔이 없었다. 궁리 끝에 우리는 참외를 반으로 뚝 갈라서 속을 후벼내고 술잔으로 대신했다. 노란 참외 잔으로 연신 건배를 외치며 우리는 그 여름밤에 까까머리 우정을 달달하게 섞어 마셨다.

그날 파장 무렵에 우리는 심한 논쟁을 했다. '有識이 無識하다'와 '無識이 有識하다'라는 화두를 두고 그 뜻의 해석을 놓고 한참을 옥신각신 설전을 벌였던 것 같다. '유식이 무식하다'와 '무식이 유식하다'는 결국 같은 뜻으로 결론은 '무식'하다는 것이 나의 주장이었고, 한 친구는 그 뜻의 해석을 달리했던 것 같다. 또 한 친구와는 '형설지공螢雪之功'을 이야기하다가 반딧불로 책을 보았다는 대목에서 나는 호리병 같은 데에 잡아넣어 둔 채로 보았을 것이라고 했고, 그 친구는 호리병이 없던 시대일지도 모르니 그냥 책 위에다가 한 오십 마리쯤 잡아놓고 보았을 것이라고 했다. 나는 반딧불이 기어가는 상황에서 어떻게 책을 보느냐고 반론하다가 도가 지나쳐서 언쟁으로까지 번졌고 결국 화를 풀지 못하고 씩씩거리며 헤어졌다. 그 일 때문에 그 친구와는 그 여름방학 내내 조면(말을 않음)을 하고 지냈다.

세월이 제법 많이 흘렀다. 그 여름밤의 일화가 이제는 돌아갈 수 없는 저 언덕 너머의 추억이 되었다. 그 옛날 방천 둑에서 처음으로 마셨던 알딸딸하던 첫 술잔의 맛이 첫사랑 같은 향기로 지금도 내 입술을 맴돌고 있다. 그때 방천 둑을 걷던 그 친구들은 지금도 한 하늘 아래서 저마다 살뜰한 둥지를 틀고 잘 살아가고 있다. 가끔씩 만나 술잔을 기울이며 달고 알딸딸했던 그 여름밤의 추억을 나누어 마시기도 한다. 꿈 많던 열일곱 살 때의 노란 참외술잔! 돌이켜보면 아마 내 생애에서 가장 근사한 술잔이 아니었을까 싶다. 올여름엔 다시 그 친구들과 고향 천변에 앉아서 천렵도 하면서 농익은 참외 주酒 한잔 마셔 보고 싶다. 그 둥글고 희끄무레한 달빛 여신女神들을 훔쳐본 우리들의 무도함을 위하여!

　그날 파장 무렵 우린 술잔을 깨물어 먹었다.

『한국산문』 2022. 10월호

감자 먹기 좋은 날

 아침부터 부슬비가 내린다. 이런 날은 딱히 할 일도 없고 갈 곳도 없다. 나는 휴일의 느긋함에 빠져 리모컨을 돌리고 있는데 어디선가 익숙한 냄새가 난다. 감자 삶는 냄새다. 한집에 오래 살다 보니 도가 통했는지 아내는 입이 궁금해질 남편의 습성을 미리 알고 감자를 삶고 있다. 사실 오늘처럼 비 오는 날 간식거리로 감자만 한 것이 또 있을까. 나는 유독 감자를 좋아한다. 오죽하면 신혼 때 아내에게 '밥상에 감자만 있으면 만사 오케이'라고 선언했을까. 옹알이하는 아이들을 배 위에 앉혀놓고 불러준 동요도 "자주꽃 피면 자주 감자 파보나 마나 자주 감자"였다.
 감자는 구황작물이라고 하지만 사실 이 표현은 적절치 않은 것 같다.

구황救荒이란 뜻은 흉년이나 극심한 기근이 들었을 때를 일컫는 말인데 어릴 적 내 경험으로는 풍·흉년에 관계없이 거의 주식으로 먹던 것이 감자였기 때문이다. 하지 무렵에 캔 감자는 여름 한철 온 동네를 먹여 살렸다. 저녁이면 집집마다 옥수수와 감자 삶는 냄새가 진동했으니 말이다. 가족들이 여름밤 멍석 위에 둘러앉아 은하수를 바라보며 감자를 먹는 풍경은 고흐의 〈감자먹는 사람들〉처럼 우울하거나 눅진하지 않았다. 타닥타닥 나무삭정이 타는 소리, 아버지의 헛기침소리, 소담한 이야기꽃이 피어나던 평화로운 풍경이었다. 어른이 되어서 감자를 먹다보면 늘 그 시절의 저녁풍경이 되살아나곤 했다. 사람들은 그 힘든 시절을 감자를 먹으며 감자꽃 같은 이야기들을 피우며 견뎠던 것이다.

감자는 다양한 용도로 활용되었다. 요즘에는 조리법과 입맛들이 고양되어서 감자샐러드나 감자크로켓, 감자버터구이 등 퓨전 요리들로 많이 활용된다. 그러나 그 시절엔 감자수제비, 감자옹심이, 감자떡, 감자밥과 같은 한 끼 요기로 쓰이는 때가 많았다. 그중에 내가 좋아하던 감자는 밥 위에 얹은 가마솥 감자였다. 어머니는 아침밥을 하실 때면 가마솥에 보리쌀을 미리 푹 끓이신 후 맨 위에 도시락용 쌀 한 줌과 씨알 굵은 감자를 얹었다. 아침상에 열무절이와 된장, 보리밥과 감자가 올라오면 나는 으레 감자에 손이 먼저 갔다. 감자만 먹고 밥은 안 먹는다는 어머니의 꾸중을 귀에 달고 다녔지만 밥알이 듬성듬성 붙은 투실한 감자에 손이 먼저 가는 것은 어쩔 수 없었다.

감자에 대한 추억도 많다. 한여름 밤 가설극장이라도 들어서면 나는 으레 삶은 감자를 들고 갔다. 영화가 한창 클라이맥스에 오를 때 갑자기 '치르르륵' 하며 필름이 끊기면 아이들은 약속이나 한 듯 '내 돈 돌려 도'라며 휘파람을 분다. 이때쯤 나는 삶은 감자를 먹으며 다음 장면을 조마조마하게 기다리곤 했다. 요즘 아이들은 3D 영화관에서 팝콘이나 콜라를 마시면서 보니 격세지감이다. 감자에 대한 추억 중에 으뜸은 역시 감자삭구다. 아이들은 여름한철을 냇가에서 천렵이나 멱 감기를 하며 보냈다. 감자삭구는 아궁이를 파고 양철 판을 올린 다음 젖은 모래를 덮고 감자를 굽는 방식이다. 물에서 한참 놀다가 보면 배에서 쪼르륵 소리가 나기 마련, 그때 아이들은 감자삭구 아궁이로 오종종 모여든다. 젖은 팬티를 널어놓고 벌거숭이로 둘러앉아서 구운 감자를 까먹는다. 그렇게 아이들도 여름한철을 감자처럼 까맣게 익어갔다.

내가 주말농장에 애착을 가지는 이유도 감자 때문인지도 모르겠다. 사서 먹어도 되지만 직접 키워 먹는 재미도 쏠쏠하다. 특히 감자꽃이 필 때면 그 은은한 정취가 좋다. 감자꽃은 화려하지도 고혹적이지도 않은 수더분한 시골아낙 같은 꽃이다. 나는 이런 감자꽃에 일찍감치 '엄마 꽃'이란 별칭 하나를 붙여주었다. 감자꽃은 잠깐 피었다가 지는 꽃이다. 다른 꽃들이 만화방창 좋은 시절이라고 분내를 풍길 때 감자꽃은 달빛을 머금고 함초롬히 자적自適하다가 때가 되면 조용히 꽃을 떨군다. 엄마의 반달 같은 젖을 물고 오종종 매달려 있는 품 안의 새끼들에게 영양분을 공급하기 위해서다. 그래서 나는 감자꽃을 자식에게 주는 헌화獻花요 희생의 꽃이라고 부르고 싶다. 올해는 감자가 실하게 들었다. 밑거름을 많이 준 탓인지 한 포기를 캐니 소불알만 한 것들이 대여섯 개씩 우르르 달려 나온다. 역시 농사 중에는 감자 캘 때가 제일 넉넉하고 풍요롭다.

감자가 파실하게 익었다. 뜨거운 껍질을 까서 입에 넣으니 담백한 맛이 난다. 둘째 녀석한테 하나 먹어보라고 했더니 반응이 시큰둥하다. 하긴 달고 톡 쏘는 음식들에 익숙해져서 감자 맛을 알 리가 있을까. 머리를 곧추세운 폼이 아직 겉멋에 심취할 나이인가도 싶다. 감자 맛을 아는 나이가 되면 저 곧추선 머리도 좀 수굿해지려나, 채근에 못 이겨 둘째 녀석이 어물쩍 감자 한 알을 집는다. 이때다 싶어 나는 또 구전사설을 늘어놓는다. 감자삭구 만드는 방법이나 호야 밑에서 책 읽던 이야기, 나무하다가 산토끼 잡던 무용담도 덤으로 들려준다. "호야가 뭐예요? 나무는 왜 해요"라며 둘째는 눈만 멀뚱거린다. 아마 아버지의 추억담이 호랑이 담배 피우던 시절 이야기쯤으로 들렸는가 보다. 불과 1세대 차이인데도 아버지의 시대는 먼 전설이 되어버렸다. 문명에 가속이 붙으면서 삶의 패턴이 급격히 변화된 결과다. 그래서 오늘도 아이들은 앞으로 가고 아버지는 뒤로 간다. 아이들은 포켓몬 고를 추적하며 미래와 교신하고 아버지는 감자를 먹으며 과거를 채집한다.

감자꽃 일렁이는 볕 좋은 언덕 어디쯤에 소담한 집을 짓고 살고 싶다. 마당 한쪽에 가마솥을 걸고 밥풀이 듬성듬성 묻어 있는, 이제는 아내의 손때가 묻어 있는 가마솥 감자를 먹고 싶다. "아이들 크면 시골로 갑시다. 왕비처럼 모시겠소." 기회 있을 때마다 청탁을 해보지만 아내의 반응은 영 시큰둥하다. 좋은가 싶다가도 뜬금없이 자다가 벌떡 일어나 "지네 나온다던데, 아니 뱀이 나올지도 몰라"라며 연신 부정의 신호를 보낸다. 그 마음 이해가 갈 법도 하다. 도무지 농사를 모른다. 언젠가 농으로 아내에게 고추 캐러 가자고 하니 아내는 농으로 한 말인 줄도 모르고 호미를 든다. 그래도 부창부수, 바늘 가는 데 실 안 따라 가겠는가.

　내가 감자 한 개를 먹으면 아내는 감자 한 개를 까놓는다. 아내는 감자껍질을 까고 나는 감자를 먹는다. 미안해지면 나도 감자 한 개를 까서 아내 앞에 놓는다. 감자처럼 울퉁불퉁 살아왔지만 또 감자처럼 투담한 정분이 쌓이는 시간이다. '궂은 비 내리는 날 그야말로 옛날식' 식탁에 앉아서 아내와 나는 감자를 먹는다. 감자 먹기 좋은 날이다.

『현대수필』 2020. 겨울호

노을을 읽다

　노을은 '붉음'으로 상징되는 단색이다. 그러나 우리 삶의 행간에 수많은 밑그림을 그리고 있다. 아침노을은 시집가는 누이의 연분홍 차렵이불처럼 곱다. 비질을 해놓은 것처럼 옅고 맑다. 옅고 맑은 빛은 해를 잉태한 서기이고 시작을 알리는 기쁨이다. 그러나 아침노을은 나의 뇌리에서 쉬이 잊혀진다. 뒤에 더 크고 눈부신 광채가 기다리고 있기 때문이다. 저녁노을은 해를 배웅하는 이별의 손짓이다. 해가 저물면 지상의 모든 사물들은 어둠속으로 돌아간다. 새들도 둥지로 돌아가고 사람들도 번잡한 일상을 놓고 집으로 돌아간다. 또 누군가는 생의 해가 저물어 하늘로 돌아가기도 한다. 그래서 저녁노을은 서천으로 흐른다. 하루해를 끌고 오느라 발뒤꿈치가 온통 핏빛으로 흥건하다.

저녁노을은 보는 장소에 따라 다른 감흥을 불러일으킨다. 서해 외포리 바닷가에서 바라본 노을은 황홀하다. 해가 포물선으로 활강할 때 바다는 순식간에 냄비 물처럼 펄펄 끓어오른다. 노을에 데인 고기들이 허공으로 불방망이질을 친다. 마치 수평금반 위에서 은빛 무희들이 왈츠를 추는 듯 비상하는 선율이 역동적이다. 빛의 광합성을 일으키며 해를 뛰어넘고 해를 마구 희롱한다. 이때 아주 잠깐 동안이지만 해와 고기와 내가 일직선이 된다. 순간 내 망막도 노을빛으로 물든다. 짜릿한 우주율이 손톱만 한 눈 안에서 출렁거린다. 나는 물아物我의 일체감에 흠뻑 빠진다. 해를 영접하는 바다의 심포니에 내 마음도 덩달아 뛴다. 도무지 발을 뗄 수가 없다.

비개인 산사에서 바라본 노을은 동화적 상상을 불러온다. 뭉게뭉게 피어오르는 노을빛이 찬연하고 기묘하다. 어느 화공이 저리 아름다운 물감을 채색할 수 있을까. 어느 시인이 저리 은유적인 고백으로 밑줄을 그을 수 있을까. 붉은 햇덩이를 끌고 몇 마장의 수레바퀴가 지나간 흔적 같다. 흰 코끼리 떼들이 수천 그루의 바오밥나무를 밀고 간다. 달마가 불소를 타고 화엄을 오르는 형상 같기도 하다. 아니 조물주가 그려놓은 거대한 구름단청 같다. 주홍빛 휘장너머로 파리보광 칠보사원이 층층구름으로 쌓여 있다. 신들이 거처한다던 수미산이 저기 어디쯤일까. 금세라도 운문을 열고 아미타가 현현할 것 같은 느낌이다. 마치 서천 구만리가 광배光背에 쌓인 듯이 경이롭다.

노을을 읽다 69

나는 일몰 직후의 연노을에도 마음이 끌린다. 하루를 소진한 사물들이 곧 어둠 속으로 사라진다는 절박감도 있겠지만 황홀하고 경이로운 시간이 떠난 뒤에 찾아오는 안온함 때문이리라. 그맘때가 찔레꽃이 노을의 잔광을 이고 흰 별꽃들을 파다하게 피우는 빛과 어둠의 경계이다. 진주홍 노을이 차츰 옅어지다가 산등성이 너머로 가뭇없이 사위어간다. 나는 이 쇠잔해가는 소멸의식에 무량한 연민을 느낀다. 하루를 돌아보고 삶의 행로를 조용히 묵상케 하기 때문이다. 아침노을이 산통의 서기라면 저녁노을은 삶의 완경을 이루는 색조이다. 하루 일을 마치고 저문 강에 삽을 씻는 농부의 순정한 얼굴이다. 산문에 걸린 노을을 등지고 저녁소찬을 준비하는 노스님의 온후한 뒷모습이다. 황홀하고 찬연한 시간이 떠난 자리에서 은은히 번지는 무욕의 마음이다.

여름날 방죽에 앉아서 보는 강 노을은 또 어떤가. 쭉 짜면 금세 이마 위로 진홍물이 뚝뚝 떨어질 것만 같은 능금빛 노을이다. 까치 노을처럼 들뜨지도 않고 산사의 노을처럼 오묘하지도 않다. 아라리가락처럼 진양조로 흐르는 노을이다. 어머니의 휘늘어진 치맛자락처럼 애잔한 곡조를 띤 노을이다. 고달픈 인생길 굽이굽이 넘어가다가 그만 각혈하고 누운 자리처럼 비감마저 든다. 한 허벅의 노을이 엎질러진 자리가 너무 붉어서 섧다. 이때쯤이면 나는 시간여행을 떠나는 철부지 방랑자가 된다. 휘리릭, 그리움이란 지팡이로 마법을 걸면 오래전에 지상을 떠난 옛집 한 채가 노을 속에 나타난다. 동화를 펼치듯이 아슴아슴 노을의 행간을 읽어보는 것이다.

첫 장을 넘기면 산막 같은 초가가 뭉게구름처럼 피어오른다. 노을 저편으로 아흔아홉 마리의 양떼들이 줄지어 흘러간다. 흰 싸리울 너머로 목화이불이 너풀댄다. 앵두꽃 분분한 마당엔 묵은 닭들이 맨드라미 붉은 볏을 쪼고 있다. 어린 솜털구름들이 엄마구름 옆으로 모였다가 흩어지곤 한다. 엄마는 노을 강에 앉아서 열두 폭 푸른 옥양목을 서천으로 푼다. 보리타작을 하던 아버지는 그새 불콰해져 황소구름을 베고 초저녁잠을 주무신다. 떡 광주리를 이고 파장 길을 걸어가는 엄마의 구름버선도 보인다. 새털 모자를 쓴 아이들이 구름능선을 달리고 커다란 산뽕나무들이 무럭무럭 자라나던, 달그락거리던 엄마의 관절이 구만리 노을 산을 넘을 때까지 세월 모르게 철없던, 어쩌면 내 어린 날의 생가 같기도 한 노을동화 한 편, 이제는 뜨거운 밑줄 하나 그을 수 없지만 두고두고 읽어도 지루하지 않은 나만의 명작이다.

그리움도 지극하면 착시를 일으키는 걸까. 누군가의 부재를 간절히 호명하면 노을은 나에게 '있음'의 빛깔로 화답한다. 호그와트행 기차처럼, '돌아가고 싶다'라고 주문을 걸면 노을은 나를 돌아가고 싶은 곳으로 안내한다. 프로이트의 꿈이 무의식속에 나타난 소망의 고리들이라면 옛집은 나의 그리움으로 현시되는 몽환적인 상상력일지도 모른다. 노을은 어둠과 소멸의 전조를 깔고 있다. 그래서 노을의 시간은 종종 과거로 흐른다. 기억의 회로 역시 그리움 쪽이다. 이 그리움의 진폭이 클수록 노을과 나와의 심미적 거리는 좁아진다. 이때 노을이 읽히기도 한다. 몇 타래의 저녁연기로 사라져가던 당신, 흰 새 날아가던 서천西天은 만장처럼 붉었다. 뭉게뭉게 피어오르는 노을에 옛집 하나 덧그리다 보면 당신에 대한 기억도 붉게 물들었다. 방죽에 앉아서 한 사람의 전생을 읽는 동안 어머니는 그렇게 노을, 그 먼 데까지 나를 데려다주곤 했다.

　노을이 진다. 하루의 결이 삭아 점점 소실점으로 가는 노을, 어쩌면 내 인생행로도 저와 같을까. 빠듯한 삶에 부대끼며 빛을 좇던 집착의 한낮도 이젠 한 뼘쯤 물러선 것 같다. 중천에 이글거리던 욕망의 스펙트럼이 점점 노을빛으로 응집되는 시간이다. 외포리의 황홀함도 산사의 오묘함도 이젠 삶의 배경이 되었다. 용서하고 덮고 가라는 노을의 마음이 지난한 시간을 돌아와서야 읽힌다. 그리움도 때론 삶의 자양분이 되는 걸까. 노을을 읽는 날이면 생그레 미소가 번진다. 사는 동안 노을을 볼 것이고 노을을 보는 동안은 내 마음도 노을처럼 순연해지리라. 수많은 은유를 간직하고도 하나의 빛깔로 사위어가는 노을, 내 삶도 그랬으면 좋겠다. 누군가의 마음에 은은히 번질 수 있는 노을빛이었으면 좋겠다. 읽던 책을 다시 노을 속에 갈무리해둔다. 내일이나 어느 먼 날에 다시 읽을 그리움이다.

『수필세계』 2015. 봄호
2015. 『경남신문』 신춘문예당선작

사랑의 거리 1·435미터

오래 전 내 안에서 울던, 시대마다 다른 사연 다른 음색을 달고 전선으로 객지로 분산되던 그 많던 기적소리는 어디로 갔을까.

기적소리, 그 멀고 아련한 것들에 대하여

기차가 통과예령을 울리며 간이역을 지나간다. 역사 앞 수숫대는 구름을 쓸고 묵은 닭들은 하릴없이 구구댄다. 나도 하릴없이 하루를 전세 내어 역사벤치에 앉아 있다. 기차는 떠났지만 산모퉁이를 돌아가는 기적의 공명음은 참 많은 것들을 떠오르게 한다. 어쩌면 저 기차는 지금 백 년째 가을을 지나가고 있는 중인지도 모른다. 가장 오래 달려온 민족의 마라토너가 아닐까도 싶다. 백여 년 전, 제물포에서 첫 울음을 터트린 후 격동의 한 세기를 쉬지 않고 달려왔으니 말이다. 기차는 한때 우리 삶의 일부분이었다. 모두가 철길 따라 흘러왔고 철길 따라 흘러갔다. 기적소리에 희로애락을 싣고 고단한 삶의 등고선을 넘어왔다. 그래서 기적소리에는 그 시대의 애환이 짙게 묻어 있다.

일제 때의 기적소리는 상실의 비애감을 담고 있다. '모갈형' 증기기관차의 기적소리는 먹이를 찾는 짐승의 울부짖음을 닮았다. '쾌액, 꽥' 괴성을 지르며 검은 연기를 풀어헤치고 미명의 들판을 달렸다. 사람들은 이 거대한 괴물을 보고 환호하면서도 일말 불안해했다. 개화와 침탈이란 양면성을 안고 출발했기 때문이다. 기차는 곧장 수탈의 들판을 달렸다. 산을 잘라먹고 군량미를 적재했다. 부산항으로 서울역으로 보따리 같은 생들을 부리며 캄캄한 노역의 밤을 건넜다. 징용과 유랑의 눈빛들을 싣고 남만주국경을 달리거나 어린 소녀들을 사할린이나 남양군도에 부려놓았다. 끝내 집으로 돌아가지 못한 소녀들은 먼 타국의 골짝에서 망향의 혼魂으로 울기도 했다. 이때는 집으로 돌아가는 노스탤지어의 기적소리는 원경으로 보는 낭만이었다.

전쟁시기의 기적소리는 단장斷腸의 울음처럼 절절했다. '뽀옥' 눈 덮인 전선을 달리는 '미카3'의 기적소리는 듣는 이의 애간장을 끊인다. 전장에 울리는 진혼곡처럼 허공을 가르는 기적의 공명음이 목쉰 듯 길고 여리다. 어머니의 마음처럼 여리면서도 강하다. 미카3은 수송전사였다. 피난열차로 남진을 하고 국군을 싣고 포연 자욱한 북녘 땅을 휘몰아쳐갔다. 때론 구출작전에 투입되어 특공대를 싣고 적의 심장부를 탱크처럼 돌진해가기도 했다. 함흥이나 원산에서 몇 량씩의 생이별들을 싣고 전선을 넘을 때면 기적소리는 절규에 가깝다. 그것은 곡진한 삶의 질곡들을 가슴 밑바닥에서부터 토해낸 폐기음향肺氣音響 같은 것이었다.

'뿌우~' 기적소리가 뱃고동처럼 우렁차다. 증기시대가 가고 디젤시대가 도래한 것이다. 이때의 기적소리는 시작을 알리는 진군나팔이었다. 사람들은 상처와 폐허로 얼룩진 삶을 추스르며 가난한 땅에 희망의 씨앗을 뿌렸다. 기차는 파병열차, 입영열차, 산업열차로 이름을 바꾸어 달고 개발의 시대를 달렸다. '뿌뿌' 연신 쇠울음을 토해내며 젊은이들을 공장으로, 전선으로, 머나먼 메콩강으로 실어 날랐다. 석탄과 시멘트를 싣고 밤을 새워 태백준령을 넘던 기관사들의 눈도 충혈로 들떴다. 외양간의 소들도 동구洞口를 돌아오는 기적소리에 금빛울음으로 화답했다. 비로소 기적소리가 밥이 되고 근육이 되고 생동하는 삶이 되기 시작했다.

육중한 기관차가 무쇠심장을 한껏 열어 제치고 쌍나팔을 뿜어댄다. 소리의 음폭이 웅장하고 경쾌하다. 삼천 마력 터보엔진을 장착한 특대형기관차가 출현한 것이다. 기관차는 어느새 산뜻한 블루 톤으로 옷을 갈아입고 70·80시대를 견인하기 시작했다. 도시와 농촌을 오가며 문명의 전리품들을 수송했다. 기차는 패랭이꽃 같은 누이들을 싣고 탈향의 기적을 울리며 보릿고개를 돌아 먼 곳으로 가곤 했다. 청계천 뒷골목에 값싼 청춘을 부리고 한 땀 한 땀 귀향의 꿈을 박음질했다. 어머니는 사립문을 서성이며 둥근 추석 달을 앞세우고 돌아올 자식들을 기다렸다. 이때의 기적소리는 어머니에게는 기다림이었고 자식들에게는 어머니에게로 가는 한 줄기 그리운 송신음이었다.

80년대의 기적소리에는 나의 애환도 한 자락 묻어 있다. 나 역시 배움의 부푼 꿈을 안고 상경열차를 탔다. 성공하라며 손 흔드는 어머니를 철길 끝에 세워두고 고향을 떠났다. 그러나 서울은 삭막했고 성공은 신기루와 같은 것이었다. 나의 방황이 길어질수록 어머니의 시름도 깊어졌다. 80년대 중반을 훌쩍 넘긴 어느 겨울날이었다. 내가 철마인생을 막 시작할 무렵이었다. 그때 나는 시한부 생을 받아둔 어머니를 위해 결혼준비를 서두르고 있었다. 어머니는 극심한 통증 속에서도 혼수품들을 일일이 챙기시며 그 화혼의 봄날을 손꼽아 기다리셨다. 그러나 어머니는 장남의 성혼을 보지 못한 채 아들을 싣고 올 마지막 밤기차를 기다리다가 돌아가셨다. "서울 큰아는 요번 기차로는 오냐?" 하시며 누이의 손을 꼭 잡은 채 도릿대를 돌아오는 기적소리의 순서를 헤아리다가 간발의 차로 떠나신 것이다.

어머니를 배웅하고 돌아오는 밤기차 안에서 기적도 나처럼 늦게 울었다. 며칠을 내 속에서 이명耳鳴처럼 울었다.

몇 갈피의 세월이 무더기로 넘어갔다. 기차는 칙칙한 흑백시대를 벗어나 발랄한 스마트시대를 달린다. 사람들은 일상을 곧추세우고 직진 관성에 가속을 붙인다. 기적소리도 속도에 강등되어 변두리로 밀려났다. 쇠락한 울음을 쿨럭이며 태백이나 정선골짝을 맴돌고 있다. 달캉거리던 삼등열차도, 차창가로 흘러가던 보통이 같은 군상들도 이제는 긴 망각의 곡선 뒤로 사라졌다. 피난, 상경열차처럼 한 시대의 애환을 상징하던 집단이미지도 눈꽃, 스키, 금빛열차처럼 발랄한 여흥이미지로 바뀌었다. 사람들은 삼백 킬로 속도에 앉아 즉물적 풍경을 즐긴다. 속도가 물질로 환산되는 시대이니 굳이 굽은 길 에둘러 갈 필요가 있을까도 싶다. 기적소리 역시 현대인들에겐 추루한 감상으로 손절되기 십상이다. 그러나 마음 한편으로 밀려오는 공허감은 무엇 때문일까.

 기적소리는 위험을 알리는 기능적 측면 외에 정서적 감응을 함께 동반한다. 이는 기적소리가 우리에게 주는 독특한 공감각적 환기 기능 때문이리라. 이 환기의 기표들은 과거로부터 오고 부재한 기억들을 호명한다. 까만 밤을 달리던 기차, 멈칫멈칫 손 흔들던 기억, 어느 모퉁이 돌다가 문득 놓쳐버린 얼굴들, 그 소중한 시간들을 떠나 하루하루 녹슬고 마모된 채 나는 지금 어디로 가고 있는 것일까. 오래 전 내 안에서 울던, 시대마다 다른 사연, 다른 음색을 달고 전선으로 객지로 분산되던 그 많던 기적소리는 어디로 갔을까. 외진 간이역에 앉아 기적의 공명음에 마음의 유로를 열다 보면 더러는 잊었던 시대가 보이고, 잊고 산 나를 만나게 된다.

 '뿌웅~' 하행열차가 태백역 쪽으로 달음질친다. 고추를 말리던 노인이 굽은 허리를 편다. 살살이 꽃들이 쉬어가라는 듯 연분홍 손을 흔든다. 여기선 아직 기적소리가 유효한가 보다. 나는 백 년의 시간여행에서 돌아와 기적소리의 정서적 지향점에 대해서 생각해본다. 한 시절,

지아비와 자식들을 싣고 폭폭, 눈 내리는 마을 에둘러 가뭇없이 멀어지던 기적소리, 격동의 환절기를 돌아온 사람이라면 누군들 기적소리에 실려 온 추억 한 장 없을까. 쓰윽, 기적의 여음을 닦으니 오래된 어머니가 달려 나온다. 그랬을 것이다. 저 기적소리는 세상의 모든 길을 돌아 종내는 그곳으로 돌아갔으리라. 기다림 쪽으로 가고 어머니를 향했으리라. 기적소리가 번성하던 시절, 기차는 역장의 발차전호로 떠나고 기적은 매번 어머니의 손끝에서 울었기에, 어쩌면 파랑 같은 한 시대를 떠밀고 온 힘은 어머니의 손끝에서부터 시작되었는지도 모른다. 여리면서도 강한, 그 손끝이 있었기에 지금의 그대가 있는 것이라고, 그 힘으로 오늘하루를 견인하는 것이라고, 기적소리는 그 멀고 아련한 잠언들을 일깨우며 내 생의 간이역을 지나간다.

2019. 『김포문학』 36호
제18회 김포문학상 수필부문 당선작

월정리역 비가

 월정리역은 풍화에 젖은 듯 고요하다. 역사를 돌아 나오다가 풀섶에 웅크린 낡은 객차 앞에서 발걸음을 멈추었다. 허물어진 객차의 등뼈가 공룡의 화석처럼 처연하다. 신생의 사막을 쿵쿵 건너오다가 융기하던 불덩이에 그만 풀썩 주저앉은 비명일까. 천형의 죄를 안고 불모의 땅에 유배된 죄인의 모습이 저러할까. 머리는 달아나고 옆구리엔 총알자국이 선명하다. 제 흉물스러운 몰골을 감추려는 듯 객차는 초록의 그늘을 한 뼘씩 넓혀가고 있다.
 달려온 기억도 이젠 까마득하겠다. 검은 동륜을 굴리며 포탄 자욱한 산맥을 휘몰아쳐왔을 게다. 원산이나 함흥 어디쯤에서 몇 량의 탱크를 싣고 남침을 감행했을지도 모른다. 일진일퇴의 교착점, 철의 삼각지를 건너다가 빗발치던 총탄에 절명하기까지가 너의 전생일진대, 네 빛나는 전공에 훈패를 달아주는 사람은 없다. 분단을 배경으로 몇 장의 추억들을 줌 업 시킬 뿐, 사람들은 네 깊은 상처까진 다녀가지 않는다. 다만 햇빛과 구름과 이름 없는 들꽃들만이 네 무릎에 앉아서 무료한 바람의 조의를 표할 뿐이다.

저렇게 앉은 채로 칠십 년, 긴 망각의 곡선 위에 앉아서 한 하늘만 바라보았을 게다. 녹물 뚝뚝 흘리며 한 생각만 붉혀왔을 게다. 한 떼의 새들이 남진하던 하늘, 한 무리의 진달래가 북상하던 능선을 사무치게 바라보다가 그만 눈 멀고 뼈마디마저 짓물렀을 게다. 달리고 싶었겠다. 저 육중한 통문을 박차고 네 출생지 북녘 땅으로 우렁우렁 달음질치고 싶었겠다. 압록강 너머 광활한 초원으로 달려가고도 싶었겠다. 옛 피난민들 등에 업고 해후의 기적소리 크게 한번 울려보고도 싶었겠다.

'얘야, 허리가 끊어질 듯 아프구나. 이젠 날 좀 치료해다오. 어느 못난 아이들이 어미의 허리를 이리 팽팽하게 당긴단 말이냐. 그만 놓아라. 이 금단의 철책을 그만 풀어다오. 꽃삽을 들어다오. 군데군데 피멍울 맺힌 허리를 치료해다오. 철책을 갈아엎어 꽃씨를 뿌려다오. 휴전선 칠백 리에 산도화, 진달래 만발한 꽃밭을 보고 싶구나. 두고 온 이름조차 이젠 치매처럼 가물거리기만 한데 정녕 이대로 방치될 이별이냐. 뼛골 삭아질 기다림이더냐. 얘야, 이제 그만 날 좀 일으켜다오. 참말로 이 강산을 신명나게 한번 달려보고 싶구나.'

마치 어머니의 오래된 허리통증처럼 155마일 반도의 허리를 베고 누운 객차가 나에게 절절한 아픔을 호소하고 있는 것만 같다.
　눈을 들면 멀리 회청색 능선너머로 남방한계선이 보인다. 한 무리의 새들이 북으로 간다. 나는 눈 가는 데까지 새들의 행방을 좇는다. 하늘에는 통문도 절개지도 없어 새들은 자유롭다. 자유롭게 왕래한다. 그 하늘 아래 백마고지 칠부 능선이 뒤틀린 비애처럼 꿈틀거리고 있다. 역사의 아이러니일까. 저 피의 능선 어디쯤엔가 궁예가 천년제국을 꿈꾸며 태봉국을 건설했다는 옛 도성이 있다니, 분단의 결기가 첨예하게 대립된 비무장지대 안에 누워서 궁예는 또 무슨 역모를 꿈꾸는 걸까. 대고구려의 꿈을 이루지 못하고 비참한 최후를 맞은 폐왕의 원혼이 전쟁의 광시곡으로 부활이라도 한 것일까. 다시 천 년이 흘렀는데 삼국의 후손들은 여전히 궁예의 성곽을 사이에 두고 피의 진지를 구축하고 있다. 능선마다 만장 같은 깃발 펄럭이며 경계의 눈빛을 번뜩이는, 저기 비무장지대는 여전히 천 년 전 궁예의 전쟁터로 유효한 것 같다. 하늘은 평화인데 땅은 여전히 짙푸른 전운이 감돈다.
　해마다 병사들의 원혼이 능선을 타고 내려와 망초꽃으로 하얗게 피고 진다는, 저 방책선 어딘가에 일등병 아들이 있다. 노심초사 부릅뜬 눈으로 서있을 아들, 아들들을 생각하면 나는 그만 무력감에 빠진다. 기차의 낡음도 격전지의 전흔도 너희들 앞에선 어쩌면 지나가는 면회객의 한가한 감상일 수도 있겠다. 북녘으로 그리운 생각이 달리다가도

네 긴장한 금속성 목소리 앞에선 걸음이 뚝 멈춘다. 나는 어쩔 수 없이 아들의 무사귀환을 기도하는 아버지가 된다. 세상의 모든 총부리는 어머니의 가슴을 향한다고 했는데, 누군가의 가슴을 쏘면 그 어머니가 운다고 했는데, 스무 살 꽃다운 사진을 끌어안고 지금 어머니를 울게 하는 사람들은 누구일까. 총구를 겨누고 있는 너희들일까. 아니면 한 시대를 떠밀고 가는 아버지들일까. 아버지들의 딱딱한 관념들일까.

"우리 따뜻한 밥 같이 먹어요. 칙칙폭폭 기차가 아파요."

어느 해빙의 봄날엔가 코흘리개 아이들이 써놓고 간 노란 리본들이 바람에 나풀댄다. 제 흥에 겨운 듯 팔랑팔랑 북녘 길을 재촉하고 있는 것만 같다. 평강 19㎞, 원산 123㎞, 함흥 237㎞, 한나절이면 닿을 거린데 참 멀기도 하다. 저 길로 곧장 가면 가곡 해금강 명사십리, 녹슨 이정표를 따라 가는 길이 꿈길처럼 아득하다. 영변에 약산 진달래 한 아름 꺾어들고 옛 시인의 노래 나직이 부르며 하루나 이틀쯤 맨발로도 걸어보고 싶은 길이다. 흰옷 입은 사람들 바리바리 싣고 기적소리 뿡뿡 울리며 달려보고 싶은 길이다.

한때 나는 경원선 열차를 몰고 신탄리역을 오간 적이 있다. 더는 갈 수 없어 '철마는 달리고 싶다'란 팻말 앞에서 매번 기수를 남으로 돌리곤 했다. 언젠가 좋은 시절이 오면 맨 먼저 통일열차의 기관사가 되어 북녘을 달리는 꿈을 꾸기도 했다. 오십 량 특대화물을 싣고 가변대차로 러시아 광궤를 달리는 상상을 하기도 했다. '카레이스키'란 비운의 이름을 달고 시베리아 유형지를 떠돌던 옛 선인들의 숨결도 느껴보고 싶었다. 혜산역 어디쯤에 여장을 풀고 백두산 상상봉 단숨에 올라 반도의 푸른 등줄기 시큰시큰 굽어보고도 싶었다. 상상이 현실 속에서 복원되기를 고대하고 기도했다.

 스물 몇 살 새파란 날이 흘러가고 어느새 귀밑머리 희끗한 반백의 기관사가 되었건만 좋은 시절은 여전히 미래진행형이다. 물컹한 만남은 언제나 희망 속에서만 존재하는 것일까. 막혔던 눈물길은 아직 열리지 않았고 통일은 여전히 공허한 수사로만 덧칠되고 있다. 불통不通의 세월이 수수방관하는 사이 복사꽃 붉던 뺨, 기다림도 이산의 한도 꽃잎처럼 시들어갔다. 만남은 언제나 이벤트처럼 왔다가 가고 차창을 스치는 저 망연한 눈빛들, 이제 사람들은 불망의 이름들을 속속 지우며 긴 망각의 강을 건너고 있다. 삶은 겪는 자의 몫이라고 했지만 겪어보지 않아도 나는 이미 섧다. 서러운 노래로 서있다. 언제 연둣빛 고운 봄은 오는지. 늴리리야 늴리리 어깨 걸고 춤추는, 그 환한 봄날은 차마 오고는 있는 것인지. 달빛 기울기 전에 천 모금의 물을 길어 아버지를 치료했다는 月井里, 달빛 기울어도 그리운 이는 오지 않아, 녹슨 철마는 버려진 미아처럼 갈 길을 잃고 있다.

『에세이문학』 2019. 봄호
『The수필』 2020 빛나는 수필가 60 선정작

사과 한 알의 모정

얼마 전 성탄절 무렵이었다. 나는 여느 때처럼 새벽열차를 운행하고 있었다. 불광역에 막 도착해서 발차 신호를 기다리고 있는데 아주머니 한 분이 운전실 창문을 두드렸다.

"무슨 일이세요?"

"기관사님, 날도 추운데 이걸로 요기라도 하시고 안전운행 부탁드려요."

아주머니는 작은 비닐봉지를 나에게 내밀었다. 봉지 안에는 사과 한 개와 초코파이 두 개가 들어 있었다. 나는 얼떨결에 봉지를 받으며 아주머니의 표정을 살폈다.

"성탄절이 되면 아들 생각이 나서요. 십 년 전 크리스마스 때 여기서 아들이 하늘나라로 갔거든요. 이렇게라도 하면 아들이 천국 갈 것 같아서…… 기관사님도 주님의 은총 많이 받으세요."

살짝 눈시울을 글썽이는 아주머니께 나는 감사의 인사를 하고 열차를 출발시켰다. 성탄절마다 사과와 귤을 주신다던 그 아주머니였던 모양이다. 직장동료들의 입을 통해서 익히 소문은 듣고 있던 터였다. 아주머니는 다음 열차를 기다리시는지 사과꾸러미를 들고 승강장을 서성이고 있었다. 자식 잃은 부모의 마음을 어찌 짐작이나 할까. 나는 마음이 시큰해졌다. 비록 삼십 초간의 짧은 만남이었지만 그 아주머니가 처한 상황이 사뭇 딱해 보였다. 무슨 연유에선지는 모르겠지만 아마 스크린도어가 없던 때에 그 아주머니의 아들이 불광역에서 투신投身을 하지 않았을까 싶다. 생각이 그쯤에 미치자 내 마음도 알 수 없는 불안감으로 두근거리기 시작했다. 가슴 밑바닥에 꼭꼭 밀봉해두었던 금단의 기억들이 불현듯 떠오르는 것이다.

나 역시 십여 년 전 투신 사고를 당한 경험이 있다. 그것도 5일 간격으로 두 번을 연속으로 경험했다. 특히 두 번째 사고 이후엔 극심한 공황장애에 시달렸다. 그날은 닷새 전 사고의 후유증이 채 가시기도 전이었다. 도곡역을 막 진입하는데 언뜻 안전선 쪽으로 돌출되는 사람이 있었다. '설마, 또?' 하는 순간 한 사람의 목숨이 허공으로 붕 떴다. '설마' 하는 내 직감이 적중했다는 것에 소름이 돋았다. 둔탁한 파열음과 함께 열차는 비상정차 했다. 아마 '혼이 나간다'는 말이 이런 상황을 두고 한 말인 것 같다. 관제에 급보하고 119에게 현장 수습을 맡기고 나는 다음 정거장을 향해 열차를 출발시켰다. 어떤 상황에서도 열차는 달려야 하고 그것이 기관사의 숙명이다.

　을지로, 종로3가를 통과하면서 가슴이 뛰고 손에 식은땀이 났다. 승강장에 진입하면 모든 승객들이 한꺼번에 뛰어내릴 것만 같은 착시현상에 나도 모르게 비상제동 쪽으로 손이 갔다. 얼굴이 화끈거리고 심장이 뛰었다. 마치 투신의 한복판을 달리는 것만 같았다. 그때까지 기관사란 직업을 후회해본 적은 없었지만 처음으로 직업에 대한 깊은 자괴감이 들었다. 경부선을 떠나 전동차 쪽으로 전직한 것이 후회도 되었다. 접근의 용이성과 높은 자살성공률(?) 때문에 지하철이 투신장소로 자주 이용된다고 하니 기관사들 입장에서는 안타까울 뿐이다. 투신 순간의 그 참담함을 겪어보지 않고서는 어찌 알까. 소주에 손을 씻고(기관사들이 치루는 액땜의식) 불가항력이라고 위안해본들 좀체 투신의 환영과 죄책감에서 벗어날 수가 없다. 비록 법적인 책임이 없다고 한들 양심의 법에선 자유로울 수는 없는 것이다. 나는 닷새간의 위로휴가 끝에 결국 홍보실로 전직신청을 했다. 마침 몇 번의 권유를 사양하고 있던 터라 쉽게 전직할 수 있었다. 그러나 대부분의 기관사들은 강심장인 양 애써 무덤덤한 채 그 길을 간다.

　어느 시대이건 자살은 있어 왔고 자살도 그 시대 사회상의 일면을 반영한다. 그러나 유독 지금은 '자살전성시대'를 살고 있다는 느낌이다. 사회지도층이나 서민, 청소년 가릴 것 없이 자살이 유행병처럼 번지고 있다. 자살률 세계 1위란 부끄러운 타이틀은 좀체 갱신되지 않는다. 극심한 양극화와 물신주의, 소외감과 우울증, 이런 사회상의 음영들이 인명경시풍조와 맞물리면서 자살률을 높이고 있지 않았을까 싶다. 톨스토이의 소설을 영화화한 〈안나 카레니나〉에서 주인공이 철길에 투신하는 장면이 나온다. 그 마지막 장면을 아주 몽환적으로 미화하고 있다. 한창 감수성이 예민한 십대들의 모방 자살이 염려되는 대목이다. 실제로 유럽에서는 한때 철길에서의 모방투신이 만연하기도 했다. 그러나 철길 위의 투신은 몽환적이지도 아름답지도 않다. 거기엔 처참한 몰골, 몸서리치는 주검만 있을 뿐, 인간으로서의 최소한의 품격이나 존엄은 없다.

　오죽했으면 죽음을 선택했을까. 그 청년이 홀로 죽음의 환영 속을 배회하는 동안 우리는 무엇을 했던가. 따뜻한 손 한번 내밀어주지 못했음을 죄송하게 생각한다. 그러나 나는 소망한다. 행여 지금 이순간 죽음의 문턱을 서성이고 있는 사람들이 있다면 나의 작은 기도를 전하고 싶다.

　'다시 한번만 하늘을 보세요. 거기 새가 날고 구름이 흐르고 한때 사랑했던 사람들의 얼굴이 보이지 않나요. 그것만으로도 그대가 살아가야 할 이유 아닌가요. 천 근 같은 슬픔의 고통을 이승의 채무로 남겨서야 되겠어요. 가족들에게 마지막 작별인사를 그렇게 하면 안 되잖아요. 그대가 없으면 실패나 절망조차도 없잖아요. 삶이 시리고 외롭다는 것은 그래도 그대가 살아 있다는 증거 아닌가요. 개똥밭에 굴러도 이승이 났다고 했잖아요. 상처로 피운 꽃만이 아름답다고 했어요. 자살을 뒤집어보면 '살자'가 되잖아요. 어쨌든, 그럼에도 불구하고 살자! 살아보아요. 눈물을 쓰윽 닦고 다시 옹골차게 세상의 햇살 속으로 걸어 나오세요. 죽을 만큼 힘들었던 그때는 그대의 먼 후일담으로 남겨두세요.'

와작, 사과 한 알을 깨물어본다. 새큼하고 달다. 자식이 죽으면 부모의 가슴에 묻힌다고 했는데, 해마다 꽃 진 자리를 떠나지 못하고 지하 역사를 서성이던 그 아주머니의 애진 뒷모습이 떠오른다. 세상의 이치로 보면 기관사들에게 원망이 있을 법도 한데 외려 용서와 베품을 주시던 아주머니, 낡은 관념어로만 들리던 "원수를 사랑하라"란 구절이 오늘은 살아 있는 말씀으로 와닿는다. 지하철을 타는 승객들도 내가 달리는 철길도 언제나 사과 맛처럼 새큼하고 달았으면 좋겠다. 사과 한 알의 온기로 기관사들을 품어주시던 그 아주머니도 이젠 지하의 슬픔을 잊었으면 좋겠다. 지상의 햇빛과 꽃들을 보며 행복해지기를 빈다. 다시 봄은 올 것이다. 환한 빛 둘레를 그리며 오종종 일어서는 애기똥풀들처럼, 사는 동안 우리네 인생도 오종종한 빛 둘레를 그리며 젖은 손 마주 잡고 살아볼 일이다.

『에세이문학』 2020. 봄호

철의 향기

　향기는 꽃잎으로부터 온다. 금실 좋은 부부처럼 꽃과 향기는 뗄 수 없는 두 글자 한 몸이다. 향기는 꽃이라는 접두어를 만나고서야 생명력을 얻는다. 꽃향기에는 우리네 삶의 무늬가 새겨져 있다. 매화향기는 눈 덮인 들판을 걸어오는 여인의 발자국처럼 은은하게 전해져온다. 살바람에 묻어오는 암향이 그윽한 정취를 자아낸다. 살구향기는 새큼하고 달다. 소낙비 그친 담장 너머로 단내가 진동하던 유년의 옛집을 떠올리게 한다. 라일락향기는 청순하지만 뒷맛이 쓰다. 먼 개울가에 두고 온 아리고 쓴 첫사랑을 연상케 한다. 비 그친 황토비탈에 피어 있는 도라지꽃은 진한 여향을 준다. 언젠가 내 생을 스쳐간 보랏빛 인연 하나 운무 뒤로 살포시 피어오를 것만 같다. 산모롱이에 무리지어 피어 있는 찔레꽃에서는 어머니의 몽글한 젖 냄새가 난다. 흰 밥풀 같은 꽃잎마다 보릿고개 고단하게 넘어가시던 어머니의 체취가 짙게 묻어 있다. 유월의 들판을 분분하게 날리는 밤꽃 향기는 비리고 떫다. 밤나무 아래에 누워 스물의 마지막 장을 넘기던 먼 청춘의 뒤안길을 떠오르게 한다.

 향기는 사람의 말끝으로도 온다. 쾌활하고 진취적인 이십대들의 말투에서는 듬쑥한 청년의 향기가 느껴진다. 친구의 떡 삼키듯 느럭거리는 말투는 답답하기는 하나 정감이 간다. 옳고 그름이 분명한 말투는 결곡한 품성이 느껴져서 믿음은 가나 마음 붙이기에는 시간이 걸린다. 화려하고 미추룸한 말투는 그 진의가 의심스러워 경계의 조바심이 든다. 말에 향기가 묻어 있지 않기 때문이다. 주장이 강하며 살천스럽게 톡 쏘아대는 말투도 있다. 이런 사람은 그 후취가 매워 범접하기가 어렵다. 그런가 하면 만면에 미소를 머금고 매사에 긍정의 신호를 보내는 말투도 있다. 배려와 이타심이 몸에 배어 있는 사람이다. 이런 사람을 만나고 돌아올 때면 그 잔향이 오래 남는다.

 향기는 냄새로도 온다. 냄새는 오감을 통해서 오기 때문에 향기보다 정겹고 인간적이다. 해토 무렵의 계분 냄새는 생동하는 봄의 기운이 느껴져서 좋다. 유월 숲속에서 불어오는 진한 황토 냄새는 어느 전사의 숨결 같아서 애잔한 비감이 든다. 지하방 곰팡이 냄새는 삶의 곤궁함을 발효시키는 냄새 같아서 마음마저 눅눅해진다. 그런가하면 밭에서 막 돌아온 아버지의 땀 냄새는 뚝심 있는 가장의 냄새 같아서 믿음직스럽다. 찬물에 보리밥 한 그릇 뚝딱 말아 풋고추 한 입 와작 씹으시던, 그 매콤한 향도 함께 묻어 있어서다. 할머니의 시큰한 몸 냄새는 풍상에 젖은 세월의 향기처럼 사늑하다. 낙엽 타는 냄새는 생의 후일담을 떠올리게 하는 냄새 같아서 그 여향이 오래간다.

나는 작은아버지의 기름 묻은 작업복 냄새도 좋아한다. 작은아버지는 용접기로 쇠의 늑골을 종횡으로 오려 단단한 건축물을 축조하신다. 평생을 쇳물에 절어 사시다 보니 작은아버지의 몸에는 언제나 싸한 쇠 냄새가 난다. 어쩌다 결혼식장이라도 가는 날엔 살구비누로 몸을 박박 문질러도 쇠 냄새는 좀체 지워지지 않는다. 아마 냄새에도 뿌리 같은 게 있어서 작은아버지의 근육에 오밀조밀 파고들었을 성싶다. 아니면 살 속에 작은아버지 특유의 무늬로 만든 독특한 향낭香囊을 간직하고 있음이 분명하다. 쇠 냄새는 어느새 작은아버지의 후두음까지 파고들어 목소리마저도 쇠의 공명음처럼 쩌렁하시다. 세상에는 곱고 예쁜 향기가 지천으로 널려 있지만 나는 이런 작은아버지의 쇠 냄새가 좋다.

내가 다니는 직장 역시 사방이 철鐵이다. 직장이 철도이다 보니 이미 철鐵과는 운명적으로 공생관계인 셈이다. 철길, 철교, 철탑, 직장 전체가 거대한 철의 공화국이라고 해도 틀린 말은 아니다. 그래서 철도사람들은 쇠처럼 억세고 결이 두껍다. 고집스럽고 융통성이 없다는 말을 자주 듣지만 또 그만큼 소박하기도 하다. 새벽승무를 위해 수색기관고에 들어서면 맨 먼저 훅, 하고 폐부를 찌르는 냄새가 있다. 매캐하고 싸한 냄새가 코끝을 후비고 오감을 곤두서게 한다. 익숙한 작은아버지 냄새이다. 쇠와 함께 살아본 사람은 이 냄새의 근원을 쉽게 간파할 수 있다. 바닥에 덕지덕지 붙은 세월의 냄새와 내연기관에서 발화된 유증기 냄새가 결탁해서 만들어낸 독특한 향이 쇠 냄새이다. 어찌 장미, 샤넬, 페퍼민트만 향기의 대접을 받을까. 철에도 향기가 있다. 메케하고 싸함 뒤에 오는 이 '고소무리'한 쇠 냄새를 나는 '철의 향기'라고 명명하고 싶다. 냄새에서 향기로 승격시켜주고 싶은 것이다.

 발차를 앞둔 수색 기관고의 새벽풍경은 역동적이다. 질척거리는 유전지대에서 눈만 빼꼼한 원인들이 해머를 탕탕 치며 동륜을 점검한다. 만능공구 하나로 미로 같은 기관차의 심장을 해부하고 조립한다. 능란한 손놀림이 어느 명의의 손 못지않게 예리하다. 냄새로도 기관차의 상태를 진단한다. 오랜 숙련이 후각의 영역으로까지 확장된 듯하다. 조립이 끝나면 정비공들은 강력한 로큰롤로 새벽을 난타한다. 우우웅, 기관 테스트를 위해 삼천 마력 터빈을 공회전시킨다. 기관차들이 불티들을 폭죽처럼 쏘아 올린다. 마치 백악기의 공룡들이 미명의 하늘을 향해 용트림을 하는 모습 같다. 용들이 연돌 위로 새벽향기를 내뿜으며 드르륵, 동륜을 긁는다. 동살이 틀 무렵에야 정비공들은 기름복을 탁탁 털고 고단한 하루를 접는다. 정비공들의 싸하고 고소무리한 쇠 냄새는 목욕탕을 따라가고 옷장을 따라가고, 끝끝내 친지의 결혼식장까지 따라간다. 노동으로 음각된 질긴 삶의 냄새이다.

나는 철갑으로 무장한 기관차를 몰고 철길을 달린다. 달리는 길이 모두 철鐵이다. 철길은 거침없이 푸른 산맥으로 뻗어나간다. 철의 역사가 시작된 지 수천 년이 지났지만 기차는 여전히 철기시대를 달리는 듯하다. 태백준령을 오를 때는 열여섯 개의 기통을 모두 열고 뜨거운 내연內燃의 향기를 뿜는다. 쭉 뻗은 철길 옆에서 곡괭이를 든 사람들이 손을 흔든다. 태양이 빚어낸 구릿빛 얼굴들이다. 힘깨나 씀직한 철도의 어깨들이다. 집에 가면 살살이 꽃처럼 부드러운 가장들이기도 하다. 어깨들이 자갈밭에서 새참 한 그릇 뚝딱 비우고 다시 곡괭이를 내리친다. 어영차, 꺾쇠가 사정없이 박힌다. 후끈 달아오른 기합소리에 살살이 꽃들이 자지러지게 놀란다. 꽃향기는 코끝으로 오지만 철의 향기는 손끝으로 온다. 꽃향기는 마음으로 가지만 철의 향기는 세상의 중심으로 간다. 저 기름때 묻은 손들이 세상을 돌린다. 세상을 떠받친다. 철의 향기는 일하는 사람들의 향기다.

2014. 근로자문화예술제작품집
제35회 근로자문화예술제 동상 수상작

지하철 타는 아이

　며칠 전 늦은 밤이었다. 백석역을 떠나 대곡역으로 진입하고 있었다. 언제나처럼 초제동을 2단에 놓고 노란 안전선을 응시하면서 진입하는데, 홈 중간쯤에서 열 살 쯤 되어 보이는 아이가 엉엉 울면서 열차를 따라오고 있었다. 나는 순간 '자폐증'을 떠올렸다. 언젠가 역사 홈에서 자폐증을 심하게 앓던 아이가 막무가내로 우는 바람에 아이를 달래던 엄마도 그만 함께 울던 광경이 떠올랐기 때문이다. 나는 열차를 정차시키자마자 우는 아이를 손짓으로 불렀다. 아이는 울먹이는 모습으로 어깨를 축 늘어뜨린 채 뛰어오고 있었다. 삼십 초의 정차시간에 울음의 내막을 알 수 없을 것 같아 나는 일단 아이를 운전실에 승차시키고 열차를 출발시켰다. 운전실 조명등을 켜고 아이의 마음을 진정시키면서 아이를 찬찬히 훑어보았다. 잔뜩 겁먹은 듯한 눈빛, 비쩍 마른 등에 위태하게 매달린 책가방, 꾀죄죄한 티셔츠, 그리고 작은 손으로 꼭 움켜쥐고 있는 차표 한 장, 얼른 보기에도 아이가 현재 처한 상황을 충분히 짐작할 수가 있었다.

"밥은 먹었니, 집은?"

"……."

"몇 학년이지, 학교는 다니니? 아저씨가 도와줄 테니 걱정 말고 이야기해보렴."

"3학년이고요, 집은 녹번동……."

한참이나 머뭇거리다가 겨우 말문이 트였다. 다행히 자폐증은 아니었지만 아이는 적잖이 당황한 듯 연신 불안한 눈빛을 껌벅거리고 있었다. 왠지 안쓰러운 생각에 나는 아이를 보조의자에 바짝 끌어 앉혔다. 마음을 안정시키며 자초지종을 물어보니 울음의 사연은 대충 이러했다.

아빠는 부산으로 돈 벌러 가서 소식이 없고 엄마는 식당일을 나가시기 때문에 언제나 자정이 넘어서야 오신다는 것이다. 그래서 학교를 마치고 혼자 집에 있기가 싫어 하루 종일 지하철을 타고 다니다가 엄마가 귀가할 때쯤 집으로 돌아간다는 것이다. 차표 한 장을 끊으면 몇 시간이고 지하철을 마음대로 탈 수 있기에 지하철 타는 것이 제일 큰 즐거움이라는 것이다. 그날도 지하철을 타고 돌아다니다가 그만 깜박 조는 바람에 내릴 역을 통과했고, 늦은 시간이라 돌아가는 열차가 끊긴

줄 알고 덜컥 겁이 나서 울음보를 터뜨렸다는 것이다.

"3학년이나 되는 녀석이 그 정도 일로 그렇게 울기만 하면 어떻게 하니! 그럴수록 차분하게 역무원 아저씨께 도움을 청해야지, 그리고 이렇게 밤늦도록 쏘다니면 엄마가 얼마나 걱정하시겠니, 또 나쁜 사람들이 붙잡아가서 너 집에도 안 보내주고 껌팔이 시키면 어떡할래? 심심해도 집에 있어야지. 집에서 숙제도 하고 집안청소도 해놓고 책이라도 읽으면서 엄마를 기다려야지."

말은 그렇게 했지만 마음 한구석은 영 편치 않았다. 나 역시 고만고만한 아들 둘을 키우고 있는 부모로서 아이가 처한 딱한 현실에 대한 절실한 이해도 없이 장황한 훈계조로 얼렁뚱땅 짚어 넘기는 것 같아서였다.

이혼율이 OECD국가 중에 우리나라가 두 번째라는 보도를 얼마 전 뉴스를 통해서 접한 바 있다. 경제성장기에는 이혼의 사유가 주로 폭력이나 도벽 등 사회적으로 포용하기 어려운 구체적 행위가 전제된 것이라면 요즘의 이혼은 단연 경제적 이유가 으뜸이라고 한다. 물질적 가치가 행복의 중요한 조건으로 작용하면서 내 어머니의 세대처럼 아이들을 위해서 무조건 참고 살아가는 '견딤'의 미덕도 차츰 사라지고 있는 것 같다. 삶에 있어서 행복의 최소단위는 가정이다. 가정이 해체되면 일차적 피해자는 당연히 아이들이 된다.

어느 순간에 성장이 멈춰버린 듯, 아이의 몸도 유난히 왜소해 보였다. 아마도 '애정결핍'이 원인이었으리라. 똑같은 음식물을 섭취해도 부모의 관심과 사랑을 먹고 자란 아이들에 비해 그렇지 못한 아이들의 평균 신장이 훨씬 떨어진다는 연구결과를 어디선가 본 적이 있다. 이유는 정상가정의 아동들은 부모의 끊임없는 사랑과 관심이 아이의 뇌를 자극해 성장호르몬을 왕성하게 분비시켜 신체적 발달을 촉진시킨다는 것이다. 이 아이 역시 그런 이유로 몸이 왜소해진 것은 아닐까 싶다.

한참 부모의 사랑을 먹고 밝게 자라야 할 나이에 혼자 캄캄한 터널 속을 방황하는 것 같아 마음이 아팠다.

이런저런 이야기를 하다가 보니 벌써 열차는 아이가 내려야 할 녹번역에 다가가고 있었다. 아이도 다행히 안정이 되었는지 내가 묻는 질문에 순순히 응해주면서 운전실 기기취급을 신기한 듯이 바라보고 있었다. 멀뚱거리면서도 숫기 없어 보이는 모양새가 꼭 우리 둘째 녀석과 닮아 보였다. 무슨 말인가 아이에게 해주고 싶었지만 딱히 해줄 말이 잘 생각나지 않았다.

"네 꿈이 뭐니?"

"……."

"이젠 목적 없이는 지하철을 타면 안 된다. 뒤에 객실에 탄 손님들은 모두가 '어디로 가겠다'는 뚜렷한 목적이 있지. 그런데 너는 아무런 목적도 없이 매일매일 지하철을 탔었지? 그렇지? 이젠 너도 지하철을 타고 싶을 때는 목적을 가지고 타야 한다."

오천 원 짜리 한 장을 아이의 손에 쥐여주며 녹번역에 아이를 내려놓고 나는 종착역을 향해 기차를 출발시켰다. 아이가 멀리 플랫폼에서 나를 향해 손짓을 하는 것도 같고, 아닌 것도 같고, 부디 좋은 시간이 다시 찾아와서 부모의 사랑을 듬뿍 받으며 밝게 커가기를, 그리고 언젠가는 씩씩한 청년의 모습으로 지하철에서 다시 만나게 되기를 가만히 빌어 본다.

중앙인사위계간지 『인사행정』 2005. 봄호

러브 오브 시베리아

#2029년 9월, 서울역

"이번 열차는 모스크바, 모스크바행 열차입니다."

부산에서 출발한 모스크바행 국제열차가 긴 꼬리를 흔들며 서울역 플랫폼으로 진입한다. 마치 한 마리의 바다뱀처럼 날렵해 보인다. 남북 종단철도가 개통되면서 러시아 광궤에 맞추어 가변대차식으로 개발된 삼십 량 장대열차다. 배낭여행을 떠나는 한 무리의 대학생들이 무빙워크를 타고 열차의 꼬리 쪽으로 이동한다. 영화 〈설국열차〉처럼 1등 칸이 앞쪽이고 후미부분이 3등 칸이다. 아내와 나는 2등 칸에 여장을 풀었다. 지도로 보면 한반도의 맨 꼭대기인 나진, 선봉에서 폴짝 뛰면 닿을 거리가 블라디보스토크다. 블라디보스토크는 시베리아 횡단열차의 시작점이다. 생전에 서울역에서 메이드인 코리아 로고가 새겨진 국제열차를 타고 북녘 땅을 통과해 시베리아를 완주해보는 것이 소원이었는데 이제 그 소원이 이루어지는 셈이다. 삼십 년 동안 수지도를 그리며 지구본으로만 떠나던 여행이 불과 몇 시간 후에 현실이 되다니, 가슴이 울렁거린다.

남북철도가 개통되면서 여행은 크게 세 코스로 나뉜다. 하나는 당일여행이 가능한 북한탐방코스이며 다른 하나는 경의선을 이용해서 신의주 북경을 거쳐 중국남부대륙을 관통하는 중국횡단코스다. 또 하나는 경원선과 동해북부선을 이용해서 원산, 블라디보스토크로 이어지는 남북철도종단코스다. 특히 교외선을 복원해서 경원선에 직결시킨 남북종단코스는 여행자들에게 단연 인기다. 서울역의 접근성과, 한 번에 금강산과 백두산 탐방까지 가능하기 때문이다. 나는 한 달간의 여행 일정이 빼곡히 적힌 노트와 러시아어 번역기를 작동시키며 대륙횡단의 긴 여정을 상상한다. 일제강점기 '카레이스키'란 이름으로 대륙을 떠돌던 비운의 한민족들, 그 비애가 짙게 서린 시베리아 평원을 저물도록 바라볼 것이다. 라라의 테마음악이 흐르는 원시림을 걷거나 알혼섬의 자작나무 숲에 앉아 우리 민족의 시원始原이 서린 바이칼의 석양에도 흠뻑 젖어보리라. 돌아오는 길엔 울란우데 분기역에서 몽골종단열차를 타고 외몽고의 광활한 초원도 달려보리라. 대초원에 누워 유성우처럼 쏟아지는 별들을 보며 먼 옛날 대평원을 호령하던 고구려태왕의 말발굽소리에도 귀 기울여 보리라.

'뿌웅~' 열차는 어느새 우렁찬 기적을 울리며 평강고원을 지나 원산 쪽으로 달음질친다.

"기분이 어때? 늦었지만 그래도 약속은 지킨 거지?" 나는 유로패스 한 장을 팔랑, 흔들어 보이며 아내의 표정을 살폈다. "십 년 후 십 년 후 카디만 김포공항에 배가 들어오긴 들어왔네." 아내는 살짝 상기된 표정으로 눈웃음을 짓는다. 파랑 같은 세월을 건너왔는데도 웃는 모습은 여전히 고와 보인다. 결혼 당시 어머니의 갑작스런 임종으로 우리는 신혼여행을 가지 못했다. 그래서 미안한 마음에 나는 아내에게 지키지 못할 약속을 했다. "우리 십 년 후에 신혼여행 가자. 이왕이면 시베리아로! 그래도 내가 명색이 기관사인데 까짓, 통일되면 내가 직접 몰고 가지 뭐, 딱 십 년 후 시베리아……." 삶은 늘 속고 사는 것인지. 그렇게 불쑥 내뱉은 약속을 나는 여태껏 지키지 못했다. 삶의 각진 모퉁이를 돌 때마다 십 년 후를 부도수표처럼 남발하며 시베리아 횡단열차의 꿈을 유예시키곤 했다. 그래서 이번 여행은 나의 은퇴기념여행이자 삼십여 년 전 아내와의 약속을 찾아 떠나는 늦은 신혼여행길이 되는 셈이다.

그런데 가까운 곳을 두고 하필이면 그 먼 시베리아로 호기를 부렸을까. 지금 생각해보면 고교 때 본 영화 〈닥터 지바고〉의 영향이 컸던 것 같다. 설원을 달리던 증기기관차, 유리아틴, 혁명, 벽돌 속의 열쇠, 엇갈린 운명, 이런 흑백이미지들이 러시아의 시대적 배경과 함께 나의 감수성을 자극했고, 그것이 나중에 〈러브 오브 시베리아〉란 명작을 만나면서 시베리아에 대한 동경으로 이어지지 않았나 싶다. 다른 하나는 직업적인 영향인 듯하다. 철도의 최북단을 운행하는 기관사로서의 숙명 같은 것이랄까. 더는 갈 수 없어 철도종단점에서 오랫동안 북으로 가는 철길을 상상했다. 또 한편으로는 홍보실 업무 차 남북철도연결시험에 직접 참가한 경험이 있다. 그때 도라산에서 개성으로 이어진 철길을 바라보면서 대륙철도가 더 이상 상상이 아니라 현실 속에서 복원될 수 있다는 가능성을 보았다. 그렇게 영화 속의 상상과 현실 속의 경험들이 맞물리면서 나의 시베리아횡단열차의 꿈은 더욱 확고해졌다. 어쩌면 내 인생의 버킷리스트 같은 것이 되었는지도 모른다. 열차는 길주역에서 한 무리의 백두산 탐방객들을 내려놓고 청진을 향해 맹렬한 가속을 붙인다.

#2019년 9월 문산역

쭉 뻗은 철길을 바라보며 나는 오늘도 꿈을 향해 달린다. 스물일곱에 시작한 철마인생도 이젠 한 손으로 헤아릴 정도로 저물어간다. 그동안 아이들은 성장했고 맏이란 중량에 덜컹거리던 삶도 한결 가벼워졌다. 홀가분하다. 여행의 조건이 마련된 셈이다. 몇 해 후면 나는 은퇴를 하고 러시아어 공부에 열중해 있을 것이다. 마침 지금 한반도에는 옅은 훈풍이 불어온다. 변덕스러운 날씨만큼이나 저 훈풍이 언제 다시 강풍으로 바뀔지도 모른다. 그러나 "흔들리지 않고 피는 꽃이 어디 있으랴". 평화의 꽃도 그렇게 흔들리면서 피는 것이리니.

  2029년 9월, 그때쯤이면 철길이 열리고 대륙의 너른 품도 열릴 것이라 고대해본다. 비로소 웅크린 반도의 호랑이가 대륙을 향해 힘찬 기지개를 펴는 것이리라. 막혔던 혈류가 통하듯이 철길을 따라 사람이 가고 물자가 오고 다시 문화가 갈 것이다. 경제, 문화적 네트워크가 형성되면서 나라의 국운도 덩달아 상승하리라. 청년들은 대륙의 꿈을 찾아 배낭을 꾸리고 노년층은 실향의 애환을 찾아 늦은 북행길을 재촉할 것이다. 모두가 손에 손 잡고 백두대간 등줄기를 따라 긴 대륙의 여정을 시작하는 날, 그때 누군가는 아무르강의 석양을 바라보며 독한 보드카와 구운 샤슬릭을 먹고 있는 초로의 부부를 만나게 될지도 모른다. 2029년 9월, 나는 시베리아에 있을 것이다.

『좋은수필』 2019. 11월호

사랑의 거리 1.435미터

　철길은 차가운 대지에 붙박인 채 육중한 기관차를 떠받치고 있다. 두 가닥 은빛 선을 잇대어 세상 어디든지 간다. 상처 같은 세월을 나란히 베고 누워 산을 넘고 강을 건넌다. 사람 사는 마을을 굽이굽이 돌아간다. 정거장마다 숱한 물상과 인정人情들을 집결시키고 분산시킨다. 한순간 용융점으로 끓어올랐던 기억 때문일까. 겉보기엔 딱딱한 쇠붙이지만 속은 따뜻하다. 그래서 철길을 두고 사람들은 일찌감치 혈맥이라고 불러왔다. 기관차가 한때 우리 민족의 여명기를 견인했던 심장이었다면 철길은 그 심장을 뛰게 한 핏줄이었다고 해도 무방하리라.
　철길의 외형은 단순하다. 그냥 강철로 이어진 두 줄기 철선이다. 그러나 저 단순성이 기차를 무탈하게 안착시키는 힘의 근원이다. 철길은 직각으로 꺾이거나 돌아가는 법이 없다. 샛길로 빠지거나 허황된 꿈을 쫓아 탈선을 꿈꾸지도 않는다. 애오라지 한자리를 유지하며 직곡直曲의 단순성만 반복한다. 일생 외길만 고집하시던 아버지의 괭이질처럼 달 뜨면 달바라기를 하고 해 뜨면 해바라기를 한다. 행여 사나운 바퀴의 횡력橫力에 밀릴까 제 몸을 침목 위에 단단히 결박시킨다. 철커덕철커덕, 제 살을 깎아 기차를 떠받치고 세상을 공명시킨다. 시류에 개의치 않는 뚝심이고 철심鐵心이다. 보시라면 이만한 보시가 또 있을까. 묵묵하고 단순한 것이 아름답다.

철길은 굽은 길을 지향한다. 기차가 강줄기를 따라 느리게 돌아갈 때면 철길도 굽은 허리춤을 들썩이며 장단을 맞춘다. 사람들은 난간에 기대어 달캉거리는 절음絶音을 반주 삼아 콧노래를 흥얼거리기도 한다. 산과 마을이 뻐끔담배처럼 흘러가던 시절이었다. 아마 철길에 마음이 있다면 열두 굽이 강줄기를 따라 아라리가락처럼 흘러가던 그때가 호시절이었다고 하지 않을까. 그러나 모든 길이 직선으로 펴지면서 흥얼거리던 콧노래도 차창을 스치는 고즈넉한 풍경도 사라졌다. 저 철길도 머잖아 굽은 허리를 펴고 직선의 시간에 들 것이다. 기차가 휘모리장단으로 질주할 때 심장은 두근거리고 기억은 어질하다. 누군가 속도는 망각에 비례한다고 했다. 속도가 욕망으로 등치되는 곧은길이라면 굽은 길은 욕망의 뒤쪽에 있고 과거로 가는 길목에 있다. 과거는 종종 그리움으로 환원된다. 욕망과 그리움이란 중량을 저울에 달았을 때 그리움

쪽으로 기우는 것도 굽은 길 위에서다.

　그래서일까. 철길에는 회귀성 짙은 촉매들이 묻어 있다. 나란히 이어진 침목들이 먼 과거로 가는 기억의 사다리 같은 착시현상을 불러일으킨다. 가물가물 소실점으로 사라지는 철길을 바라보노라면 철길 끝에서 깨꽃 같은 이야기들이 피어오른다. 산딸나무 같은 소녀들이 지나가고 능금 같은 웃음들이 흘러간다. '후후' 우동국물을 불어먹는 소리, 플랫폼을 뛰는 발자국소리, 왁자한 입영군가 소리가 들린다. 철둑 너머로 뭉게구름과 염소의 말뚝과 아버지의 지게가 흘러간다. 늙은 오동나무가 서있고 저녁연기 피어오르던 오래된 마을이 보인다. 손 흔들며 미지의 세계로 출항하던 옛 소년의 불안한 발걸음도 보인다. 한때 내 삶의 발원지이자 그리움의 기항지이기도 했던 그 먼 고향집이 보이는 것이다. 이제는 그리움으로만 갈 수 있는 기억의 처소이다. 오래전에 집을 잃어버렸기 때문이다. 아직 내 주머니에 그리움이란 잔고가 남았다면 탈탈 털어 오늘은 그 먼 곳으로 가는 기차표를 끊고 싶다.

　철길은 사람과의 관계를 생각하게 한다. 우리는 일생을 관계 속에서 살아간다. 관계가 소원해져 속상해하고 관계가 좋아져서 안도한다. 관계 때문에 울고 웃는다. 이 심리적 관계를 물리적 거리로 환산하면 얼마쯤이 적당할까. 철길의 궤간은 1.435미터이다. 손 뻗으면 닿을 거리다. 어느 한 쪽이 멀어지거나 가까워져도 기차는 탈선한다. 철길은 넘치거나 모자람이 없다. 정교한 맞물림으로 평형平衡을 잡고 평행을 유지한다. 켄트*로 원심을 잡으며 험한 곡선을 함께 돌아간다. 철길의 불변성 때문이다. 이 약속된 거리가 있기에 기차는 긴 밤을 달려 승객들을 목적지까지 무사히 도착시킨다. 사람과의 관계도 그렇다. 늘 넘치거나 모자람이 문제다. 너무 가까우면 상처를 입게 되고 너무 멀면 관계가 소원해진다. 손 닿을 만큼의 거리를 두고 먼 길을 동행하는 철길처럼, 사람과의 관계도 1.435미터, 아쉬울 만큼의 여백의 거리가 필요하지 않을까. 오래가는 사람들이라면.

부부 사이의 거리 또한 그렇다. 흔히들 살을 맞댄 거리를 부부 사이의 거리라고 한다. 그러나 이 거리는 물리적인 거리이지 정신적으로까지 합일된 거리는 아니다. 그래서 두 사람이 평생 한마음으로 살아간다는 것은 참 어려운 일이다. 나 또한 살을 맞댄 거리를 부부간의 거리라고 곡해하면서 살아왔던 것 같다. 풋풋한 사과꽃 같은 마음에서 빛바랜 사과만 남고 꽃을 잃어버린 날들이 아니었는지. 한 방향을 응시하기보다는 마주보기를 했다. 아내의 영역을 함부로 침범했던 것 같다. 신혼 때는 구심을 잃고 자주 밖으로 튕겨나가기도 했다. 삶의 궤간이 너무 팽팽해서 마찰음을 내며 탈선의 곡예를 했다. 살을 맞댄다는 것이 그만 화를 맞대지 않았나 싶다. 생각해보면 생의 험한 곡선을 돌 때마다 중심을 잡아준 것은 언제나 아내가 아니었던가. 두 줄기 철길처럼 내가 밖으로 튕겨나가려는 원심이었다면 아내는 나를 끌어당기는 구심이 아니었을까. 먼 길 돌아와 보니 알 것 같다. 시리고 험한 길 함께 굽어준 아내의 곡정曲情이 고맙다.

  나란히 뻗은 철길처럼 이제 둘은 한곳을 바라보며 걷는다. 원심이 구심에 조응하는 시간이다. 그런 계절이 왔다. 세월이라는 궤간이 생긴 것이다. 부부간의 거리를 수치로 측정할 수 있다면 역시 1.435미터가 아닐까. 배려의 거리이자 존중의 거리이다. 백년을 동행하는 지순한 사랑의 거리이기도 하다.

  산모롱이 돌아가는 철길을 바라본다. 어느 먼 고대의 산맥에서 흘러온 지류이기에 품이 저리 크고 넉넉할까. 한생 바닥에 누워 푸릇한 산맥으로 기차를 떠나보내는 철길, 저렇게 은빛 팔을 뻗어 산을 품고 세상을 잇는다. 때론 먼 곳을 반추시키고 그리운 사람들을 전송한다. 치우침 없이 살라는 평심平心의 지혜를 일깨운다. 한자리를 지키라는 항심恒心의 마음을 읽는다. 바닥에 누운 생이라고 어찌 하찮게 여기랴. 골판지에 쭉 그어놓은 묵화처럼 단순한 철길, 어쩌면 저 철길이야말로 세상에서 가장 아름다운 곡선이 아닐까. 긴 세월 나와 고락을 함께해왔으니 오늘은 그만한 헌사쯤은 해두고 싶다. 나를 여기까지 무탈하게 데려다준 철길의 곡정이 또 고맙다.

동륜에 깎인 철길이 아침햇살에 반짝인다. 빛나는 것들은 언제나 상처 뒤에 오는 것일까. 우리네 인생도 그러한지. 철길이 은빛 손을 흔들며 가뭇없이 멀어져간다.

*켄트(cant): 기차가 곡선을 돌때 밀림을 방지하기 위해 레일 바깥부분을 더 높게 하는 것.

『동서문학』 2022.7.21.

오래된 집

'마당' 하고 가만히 읊조리면 등 굽은 당신의 뒷모습이 보인다. 둥글고 넉넉한 자리 군말 없이 내어주던 당신의 너른 품이 보인다. 차지고 영근 곡식들 광으로 들여보내고 빈 땅으로 돌아앉은 당신의 가없는 희생이 보인다.

상사화는 피고 지고

 우기가 걷힌 하늘이 모처럼 청청하다. 겨우내 움츠렸던 대지가 등열登熱하는 사월이다. 지끈거리는 머리도 식힐 겸 식사동 야생화직판장을 찾았다. 입구에서부터 금낭화, 붓꽃, 하늘매발톱, 마치 갓 입학한 유치원생들이 명찰을 달고 조르르 몰려나와 봄 햇살을 마중하고 있는 듯하다. 여주인의 열성적인 꽃 강의를 들으며 진열대를 돌아 나오다가 우연히 좌판 귀퉁이에 피어 있는 한 무리의 초록 잎새에 시선이 멈추었다.

 "아주머니, 이 꽃 상사화 맞지요?"

 "맞다마다요, 용케도 알아보니더. 상사병 걸려 곧 죽을 잎일시더."

 어릴 적 시골 담벼락에 무리지어 피던 꽃이기에 낯설지는 않았지만 꽃과 잎이 서로 만날 수 없어 언제나 그리워만 한다는 화엽불상견花

葉不相見의 화초가 상사화라는 것은 훨씬 나중에야 알았다. 지금은 저렇게 싱싱한 잎줄기를 흔들고 있지만 머잖아 청아한 꽃대를 이고 피어오를 진분홍 꽃봉오리를 보지 못한 채 간발의 차이로 먼저 지고 마는 이별의 화초이다. 꽃과 잎이 담소화락淡素和樂의 정을 나눌 수 없음이 문득 내 기억의 한 귀퉁이로 전이되는 것 같아 가슴이 아려온다. 잎 진 자리에 꽃이 피어 아롱아롱 눈물지던 내 스물아홉의 봄 길을 가만히 걸어본다.

봄이 오려는지 소백산을 타고 내려오던 삭풍도 집 앞 측백나무에 걸려 습한 숨을 고른다. 소슬바람에 대청마루에 걸린 조등 하나 화점火點처럼 깜박이던 밤이다. 달캉달캉 조등이 바람에 흔들릴 때마다 육남매의 흐느낌만이 간간이 이어지던 그 밤에 어머니는 쉰셋의 생을 접으신 채 화사한 목단병풍 뒤에 누워서 아내를 맞았다. 살아생전에 잡초처럼 모질게 산 삶인데 죽어서는 목단향 그윽한 세상으로 가셨을까. 흰나비 한 마리가 화폭 속을 날아오른다.

"결혼식장만은 영주서 젤 큰 걸로 잡거라. 올 만한 손들은 다 기별하거라!"

시한부 생이 문득 서럽기도 하련만 어머니는 삶의 마지막 불꽃이 사그라지는 순간까지도 이승의 일에 극성이셨다. 날 밝으면 먼 길 떠나야 할 기약 없던 삶이었지만 통증이 멎으면 손수 머리 곱게 감아 빗으시고는 아들딸 불러다가 받을 돈, 갚을 돈 일일이 불러주시고 혼수품을 챙기시며 한 뼘 남은 생의 그물망마저 촘촘히 짜셨다. 연분홍 저고리 쓰다듬으시며 "며느리 손에 밥 한 끼 얻어먹을 날 있을라……." 나직이 속삭이던 것이 당신 살아생전에 유일한 욕망의 흔적이었지만 끝내 어머니는 그 화혼의 봄에 고운 욕망 하나 풀어보지 못한 채 바쁘게 세상을 등지셨다. 마치 일상에 찌든 전대錢帶를 풀어놓고 '내 얼른 저 세상 한 바퀴 돌아서 오마' 하시는 듯.

"야들아, 얼른 물 한 그릇 떠오고 상 차리거라."

종조부님의 호령에 아내와 나는 정갈한 물 한 그릇을 앞에 두고 마주 섰다. 시어머니 되실 분의 부음 소식을 듣고 단순히 문상 온 아내에게 날 잡은 이상은 안동 김씨 사람이라며 상복을 입히는 고모님의 손놀림이 심상치가 않더니만 기어이 어머니의 혼백 앞에서 이승의 혼례가 치러졌다. 아직도 유가의 풍습이 실생활에 엄격히 적용되던 때이기에 사주를 보내고 택일을 받은 이상은 마땅히 맏며느리 자격으로 위폐를 받들고 시어머니의 마지막 길을 배웅해야 하는 것이 그때까지의 상례喪禮였던 모양이다.

청·홍초에 불을 밝히고 몇 번의 맞절과 합혼주가 오가는 것으로 혼례식은 끝이 났다. 하얀 드레스 대신에 무명삼베를 입고 어머니의 혼백 앞에서 사흘 밤낮으로 향을 피우고 절을 올리는 것이 어머니와 아내의 이승에서의 짧았던 인연이었다. 주인 잃은 슬픔을 아는지 달빛만이 슬렁슬렁 솟을대문을 넘고 있었다. 어머니는 일찌감치 천계에 드셨는지

손꼽아 기다리던 며느리를 지척에 두고도 말이 없다. 간간이 들려오는 독경 소리만이 산 자와 죽은 자의 연결 통로인 양 아릿하게 들려올 뿐이다.

"에이구. 타고난 팔자지, 며느리 술 한 잔 받고 부디 좋은 세상 가시게!"

고모님의 탄식 속에 어머니의 금목걸이가 아내의 목에 연緣줄처럼 걸리던 날, 그렇게 한 생애는 피고 졌다. 삶은 풀잎과 같다고 했는데 그렇게 급히 가실 생을 깜박 잊은 듯, 다가올 봄날을 부지런히 준비하시다가 그만 발끝에 곱게 핀 꽃을 보지 못한 채 지고 말았다. 한 생을 등지고서야 피던 상사화처럼 그렇게 어머니가 먼 길로 돌아앉던 날 아내가 들어왔다. 어머니가 그랬던 것처럼 날마다 빠듯한 일상들을 쓸고 닦으며 곱던 손금에 또 어머니의 세월을 물들이며 살아간다.

잎 진 자리에는 그리움만 남는지, 해마다 아내는 음력 이월 열이틀의 숫자에 동그라미를 그리고 어머니의 기일과 결혼기념일을 깨알처럼 나란히 적는다. 삼채를 볶고 화전을 부치며 고부간에 동락하지 못했던 아쉬운 정을 정성스레 담아 제사상에 올린다. 산 정이 없는데 죽은 정이 있을까마는 그래도 짧았던 봄날의 인연이 아내에게는 사뭇 애틋했던 모양이다. 아버지의 눈가에도 모처럼 생기가 돈다. 화단에 묻어둔 밤알을 토질하고 두동미서 홍동백서를 주문하며 제사상을 지휘하신다. 육남매도 먼 길을 마다 않고 어머니의 흔적을 찾아서 하나둘 모여든다. 생전에 당신 좋아하시던 것들을 한 가지씩 제사상에 올리며 삼남삼

녀가 나란히 제사상 앞에 선다. 환하게 웃고 있는 어머니의 사진을 올려놓고 아내가 다소곳이 독배獨杯를 올릴 즈음이면 남매들은 또 그렁한 눈물을 찍는다. 어쩌면 산 자와 죽은 자의 거리가 어머니와 아내의 거리만큼 아득했던 것일까. 이 세상에 소풍 왔다가 하늘로 돌아간다던 어느 시인의 노래처럼 남매들은 밤이 이슥하도록 어머니의 소풍 길을 걸으며 도란도란 이야기꽃을 피운다.

삶은 저 들에 쉼 없이 피고 지는 꽃처럼 속절없이 오고 가는 것인가. 어머니의 꽃상여가 먼 봄 산으로 떠나던 날, 생전에도 없는 인연을 따라 고갯길을 오르며 눈가를 적시던 아내의 뒷모습을 보면서 나직이 던져본 질문이다. 만남과 헤어짐의 정리定離를 선뜻 떠나지 못한 채 멈칫멈칫 그 봄 산을 뒤돌아보며 마흔 고개에 이르렀다. 인생은 '이슬의 여정'이라고 했던가. 꽃이 피고 지는 것이나 삶이 오고 가는 것도 아득한 시간의 질서에서 보면 이슬처럼 잠깐이고 순리順理라는 것을 세월 한 자락을 삭히고서야 짐작해본다. 상사화가 피고 지는 계절을 돌다 보면, 또 어느 먼 봄날에 아내와 동락하며 살아갈 연둣빛 고운 잎 하나 볼 수 있을까.

가만히 고개를 들고 하늘을 본다. 내 그리움의 끈이 닿을 수 없는 아득한 곳에서 투명한 햇살이 쏟아진다. 부드러운 숨결이다.

『월간문학』 2003. 12월호
제6회 공무원문예대전 수필부문 최우수상 수상작

마당

 고택마당이 윷놀이 판으로 후끈 달아올랐다. 아낙들이 장작만한 윷을 던지며 덩실덩실 마당춤을 춘다. 좌판이 명절 도드리 음식들로 푸짐하다. 인절미 한 조각을 입에 넣고 툇마루에 앉으니 어느새 고향마당에 온 것처럼 마음마저 푸근해진다. 생각해보면 마당을 잊고 산 지 오래된 것 같다. 어릴 적 마당의 풍경은 계절마다 달랐다.

 겨울마당은 빈 마당이다. 농한기로 접어들면서 어른들은 새끼를 꼬거나 화투를 치면서 긴 겨울을 보냈다. 마당도 무료한 듯 잔설을 담거나 살창바람을 흘려보내는 것으로 하루를 소일했다. 볕 좋은 날이면 어머니는 닥나무껍질을 삶아서 말렸다. 여우햇살 꼬리 내리는 마당 볕에 앉아서 매운 시집살이 시름을 벗기듯이, 한 올 한 올 닥나무껍질을 벗겨 삼동 볕에 걸어두곤 하셨다. 마당이 분주해지는 때는 정월대보름이다. 이때쯤이면 투전놀이 가셨던 아버지도 헛기침을 하시며 사립문을 들어선다. 어머니는 눈꼬리를 허투로 흘리며 휑한 걸음으로 닭 모이를 주신다.

윷놀이는 샘이 가까운 우리 집 마당에서 펼쳐졌다. 여자들은 마당 한쪽에 삼발이를 걸고 장정들은 돼지를 잡는다. 몇 순배의 농주에 얼큰해진 말馬들이 윷판을 달린다. 모처럼 마당이 윷놀이 판으로 흥겹다. 밤이 들면 아이들은 깡통을 들고 논둑으로 내달린다. '붕붕!' 망우리 불꽃들이 폭죽처럼 밤하늘로 솟구친다. 마당이 지저깨비를 물어 나르는 아이들 발소리로 밤새 분주하다. 겨우내 움츠렸던 마당이 그때서야 달빛을 머금고 환하게 펴진다.

봄마당은 꽃마당이다. 사람들이 일터로 가고 나면 마당은 꽃들 차지다. 사립문 밖엔 홍도화, 살구꽃, 자두꽃, 사립문 안엔 앵두꽃, 감꽃, 담벼락엔 채송화, 맨드라미 벼슬 꽃, 마당이 온통 꽃잎으로 분분하다. 묵은 닭들이 온종일 마당에 쓸려 다니는 꽃잎들을 물고 뒤뚱거린다. 보리누름 넘실대는 유월이 되어서야 우리 집 마당에도 사람들이 들어선다. 이맘때쯤 단오마당이 열린다. 여자들은 합심해서 샘을 치고 창포에 머리를 감는다. 첫새벽 첫물을 떠다가 조상님께 정화수를 올린다. 장정들은 울력으로 굵은 타래새끼를 꼬아 느티나무에 건다. 여자들이 그네를 타는 동안 남자들은 마당에서 씨름판을 벌인다. 쌍그네를 타던 고모가

미나리꽝에 냅다 꽂힌다. 사람들이 박장대소를 한다. 화전을 부치는 마당이 온통 꽃마당 꽃웃음으로 자글하다.

　여름마당은 별 마당이다. 멍석 위에 누워서 옥수수를 먹으며 북극성을 헤아린다. 새로 산 모기장 위로 멍석별이 쏟아진다. "밤이슬 맞을라, 얼른 들어오너라"는 어머니의 성화도 귓전으로 흘린다. 개구리 소리, 산짐승 소리, 타닥타닥 콩대 타는 소리도 귓전으로 흘린다. 머리맡으로 와르르 쏟아지는 별무리를 쫓아 누이랑 밤이 이슥하도록 별자리 여행을 떠난다. 은모래를 깔아놓은 은하 강에는 밤새 흰 염소들이 풀을 뜯는다. 강 저편에는 삼형제별들이 반짝인다. 하나, 둘, 별을 세다가 오줌이 마려워 깨어보면 어느새 방 안이다. 밤새 어머니가 한 놈씩 업어다가 아랫목에 눕혔던 게다. 마당엔 가끔씩 꽃가마를 탄 새색시가 들어오기도 하고 북망길을 떠나는 할머니의 구성진 상여마당이 들어서기도 한다. 긴 장마가 시작되면 닭도 사람도 두문불출이다. 비는 마당을 쓸고 때론 마당을 쓸어가기도 한다.

　가을마당은 타작마당이다. 맨 먼저 끝물고추가 들어오고 뒤이어 참깨, 수수, 올콩들이 줄줄이 아버지의 지게에 얹혀 마당으로 들어온다. 마당이 오곡 상을 차린 듯 풍성하다. 이때쯤이면 쥐들도 신이 난다. 볼이 터지도록 토실한 낟알들을 물고 담 구멍을 분주히 들락거린다. 햇살이 자글자글 쏟아지는 마당에서 아버지는 앞산이 쩌렁하도록 흥을 돋우며 도리깨질을 하신다. 뒷산 장끼가 꺽꺽 놀란 울음을 토해낸다. 어머니는 부지깽이 장단으로 깻단을 톡톡 터신다. "옥에 갇힌 춘향이는 이 도령 오기만 고대 고대~" 어머니의 춘향가 한 소절에 마당 앞 감나무는 속살을 붉힌다. 아이들은 잿불에 구운 국시 꼬랭이를 들고 마당을 쏘다닌다. 집집마다 금불이 같은 호박 몇 덩이씩은 굴러다니고 국수 삶는 냄새가 온 마을에 진동한다.

짜고 매운 인생살이가 함께 어우러지던 마당은 차츰 먼 기억의 공간 속으로 유폐되어 가는 듯하다. 오동나무 저녁연기 피어오르던 옛집도, 깻단을 털던 타작마당도 이젠 사라졌다. 아이들은 떠나고 주인은 풍장에 든 지 오래다. 지금쯤 고향집 마당도 명아주, 여뀌풀이나 키우며 풍상에 들어 있을 게다.

마당은 '땅, 장소'라는 사전적 의미 외에도 '논다, 불러들인다, 품는다'라는 동적인 의미도 함께 내재되어 있다. 아이들은 마당에서 동무를 사귀고 세상으로 가는 첫발을 내딛는다. 어른들은 마당을 통해서 이웃과 소통하고 협동했다. 마당굿을 열어 마을의 안녕과 무병장수를 기원하기도 했다. 지게 작대기 장단으로 흥을 돋우며 한 해의 고달픔을 잊고 삶을 재충전했다. 그처럼 마당은 단순한 장소의 의미를 넘어 이웃과 세상으로 가는 징검돌이자 우리네 고달픈 삶에 신명을 불어넣어주던 인생무대이기도 했다.

어느 땐가 마당을 떠나온 후부터 내 삶도 각박해진 것 같다. 생업에 떠밀려 일상을 동동거리다 보니 마음도 조급해진 것 같다. 돌아가는 여유보다 질러가는 속도감에 이력이 났다. 손바닥만 한 스마트폰이 나의 마당이 된 지 오래다. 도시의 각진 모서리에 앉아서 층층이 단절음만 송출하다 보니 약간의 소음에도 머리가 곤두선다. 배려보다는 불협화음의 주파수가 먼저 일어선다. 다 마당의 부재 때문이리라. 마음의 마당이 좁아진 탓이리라. 어릴 적 배불뚝이 박이 얹힌 초가집과 둥근달 둥근 마당이 있어 마음마저 흑벅지고 둥글어지던, 그 안온했던 마당을 떠나 나는 지금 어느 모서리에서 상한 깃을 내리고 있는 걸까.

자박자박, 까치발을 앞세워 유년의 마당을 돌아나오는 길, '마당' 하고 가만히 읊조리면 등 굽은 당신의 뒷모습이 보인다. 둥글고 넉넉한 자리 군말 없이 내어주던 당신의 너른 품이 보인다. 차지고 영근 곡식들 광으로 들여보내고 빈 땅으로 돌아앉은 당신의 가없는 희생이 보인다. 비우면서 스스로 충만한 마당, 그 너른 품에 어머니란 동의어를 가만히 얹어본다.

2020. 『좋은수필』 베스트 10 선정작

찐빵이 익어가는 저녁

　오랜만에 오일장을 찾았다. 시장좌판이 풍성하다. 봄 산을 막 내려온 두릅, 취나물, 다래 순들이 청향을 뽐내며 장돌뱅이들의 입맛을 돋운다. 갑자기 목 안이 컬컬해진다. 노천탁자에 걸터앉아 데친 두릅에 막걸리 한 사발 벌컥, 하고 싶은 마음 굴뚝같지만 나를 꿰뚫어 보는 아내의 눈초리가 예사롭지 않아 참는다. 뱅뱅 돌다가 다시 그 자리로 돌아오는 게 장돌뱅이 아닌가. 방임된 시간은 파장 무렵으로 유예해두기로 한다. 난전을 돌아 나오다가 찐빵가게 앞에서 걸음을 멈추었다. "우리 엄마가 만든 찐빵 짱^^ 맛있어요!", 광고라면 이만한 광고가 또 있을까. 절로 미소가 번진다. 삐뚤삐뚤한 필체를 보면 필시 이집 코흘리개 아이가 쓴 것이 분명하리라. 어쩌면 고사리 같은 손으로 밤새 엄마의 찐빵 만드는 일을 도와주었는지도 모른다. 김 서린 찐빵을 보고 있자니 입 안에 단팥 같은 기억 한 시절이 씹힌다. 올망졸망한 열두 손들이 온종일 찐빵을 만들다가 밀가루 분분하던 안방에 뒤엉켜서 잠들던, 그 먼 찐빵가게가 떠오르는 것이다.

아버지의 투병은 일차적으로 어머니를 희생시켰다. 그런 어머니를 보고 동네사람들은 일찌감치 편찮으신 아버지까지 포함해서 칠남매를 키우는 집이라고 불렀다. 우리 집은 미닫이문을 열면 고추와 한약냄새가 알싸한 뒷방이 나온다. 그곳은 언제나 마늘, 고추와 온갖 이름 모를 한약 재료들이 마치 커다란 애벌레 집처럼 천장에 주렁주렁 매달려 있었다. 어머니는 가을이면 심산으로 들어가 약초뿌리를 캐와서 뒷방에다가 말리셨다. 약재자루에 갖가지 이름표를 달아놓고 겨울 내내 아버지에게 지극정성으로 달여주시곤 했다. 남매들은 그런 어머니를 이해할 수 없었다. 뒷방의 약초 냄새와 아버지 담배 냄새가 싫어서 우리는 언제나 안방에서 서로 뒤엉킨 채 혼곤히 잠들곤 했다.

겨울방학 때면 나는 청솔가지를 찍어다가 텃밭에 집채만 한 나무 가래를 쌓아올렸다. 그렇게 쌓아두면 겨울 내내 햇빛과 바람에 시득해져서 이듬해 봄쯤이면 마른다. 콧물눈물 흘리며 청솔가지를 태우시던 어머니는 "그래도 니가 맏이노릇은 한다"며 대견해하셨다.

농번기 때면 어머니는 찐빵행상을 나가셨다. 논두렁 새참으로 찐빵을 팔고 몇 푼의 지전이나 곡식으로 바꾸어 오는 것이다. 밤이 이슥하도록 어머니가 오시지 않을 때면 나는 긴 신작로를 따라 어머니를 마중 나가곤 했다. 날짐승들을 품은 미루나무가 유령처럼 흔들릴 때면 등에 식은땀이 났다. 인광燐光이 번뜩이는 공동묘지를 지날 때면 꼬리 아홉 달린 여우가 자꾸만 오버랩 된다. 와락, 무섭다는 생각이 들 때쯤이면 어김없이 "야야, 니 오나!" 하시는 어머니의 목소리가 어둠속에서 들린다. 나는 반가운 마음에 한달음에 달려가 어머니의 함지박을 받아 들었다. '컹컹' 개 짖는 소리가 들리고 인가의 불빛들만 따끔따끔 피어오르던, 그때 어머니의 치마폭 사이로 폭포수처럼 쏟아지던 밤하늘의 별들을 나는 지금도 잊을 수가 없다.

찐빵은 파는 일보다 만드는 일이 더 어렵다. 우리 육남매는 장이 서기 전날 밤에는 수난의 시간을 보내야만 했다. 닷새마다 한 번씩 돌아오는 빵 만드는 밤이 싫어서 그때는 장날이 없었으면 좋겠다는 생각을 수도 없이 했다. 어쩌다가 31일까지 있는 날이면 장날이 하루 늦추어진다는 기쁨도 컸다. 명절대목장이라도 서는 날이면 온 가족이 비상이 걸렸다. 어머니는 초저녁부터 팥을 끓이시고 밀가루반죽을 만드셨다. 밀가루에 이스트, 베이킹파우더, 막걸리를 넣고 수십 번을 버무려서 따뜻한 아랫목에 덮어놓으면 새벽녘쯤이면 반죽이 시큼한 냄새와 함께 부풀어 오른다. 그때쯤이면 어머니는 우선 누나와 여동생을 깨운다. 군불로 달구어진 뜨끈한 방에 광목천을 깔고서 그 위에 밀가루를 뿌리고 반죽을 떼어 빵을 만들기 시작한다.

긴긴 겨울밤, 희미한 호야등잔 밑에서 세 모녀가 만들던 찐빵은 그렇게 온 방 안을 수놓으며 가족의 희망으로 부풀어 올랐다. 가지런히 놓인 찐빵들 사이로 두꺼비 배처럼 울퉁불퉁한 찐빵은 누나의 심술이고 꿩알처럼 작은 찐빵은 여동생의 어린 마음이고 눌러서 터져 있는 찐빵은 막냇동생의 잠버릇이다. 빵 껍질이 딱딱해져 잘 부풀어 올랐을 때쯤이면 어머니는 드디어 나를 깨운다. 찐빵을 쪄내는 일은 장남인 나의 몫인 것이다. 나는 졸린 눈을 비비며 가마솥에다가 청솔가지를 얹고 채반을 앉힌 다음 빵을 쪘다. 그 덕분에 입 안에서 사르르 녹는 첫 번째 찐빵 맛은 언제나 내 차지였다. 아궁이의 불기운 때문에 서서히 졸릴 때쯤이면 나는 습관처럼 찐빵의 개수를 헤아리곤 했다. '구백오십다섯, 구백오십여섯, 구백오십일곱' 이렇게 일천 개의 찐빵이 커다란 다라이에 피라미드처럼 수북이 쌓일 때쯤이면 어느덧 동살이 터왔고 그때서야 우리 가족의 고단한 찐빵 만들기도 끝이 났다. 등굣길 내 교복에는 언제나 흰 밀가루가 풀풀 날리곤 했다.

그 시절 오일장은 산골사람들에겐 큰 즐거움이었다. 장날이면 사람들은 이른 아침부터 팥이며 마늘, 고추, 참깨들을 지고 이고 읍내장터로 속속 모여든다. 좌판마다 풍성한 먹거리와 생필품들이 불티나게 팔려나갔다. 약장수의 풍악소리와 차력사의 기합소리, 튀밥 터지는 소리에 조무래기 아이들이 우르르 몰려들곤 했다. 남정네들은 벼릴 농기구들을 대장간에 맡기고 일찌감치 낮 술판을 벌인다. 점심때가 되면 아낙들은 생필품들을 바리바리 싸들고 우리 집을 찾았다. 먹을 것이 궁하던 시절이기에 찐빵은 단연 인기였다. 구공탄에 데워진 투실한 찐빵에 어머니만의 특별 레시피인 멸치 국물을 곁들이면 한 끼 요기로는 그만한 것이 없었다. 찐빵을 일찌감치 떨이하는 날이면 집 앞 목련도 좋은지 벙실벙실 꽃망울을 터트린다. 어머니는 흡족한 표정으로 불룩한 전대를 나에게 맡긴다. 나는 지전과 은전 동전들을 가지런히 분류하곤 그날의 매출을 어머니에게 보고했다. 그러면 어머니는 벙긋벙긋 지전을 세시다가 "옜다!" 하시며 은전 몇 닢을 나에게 던져주시곤 했다. 이때다 싶어 옆에서 지켜보던 동생들의 손들도 어머니 앞으로 오르르 모여들곤 했다.

어머니 떠나신 지도 꽤 오랜 시간이 흘렀다. 먼 산 묵뫼에 칡꽃이 피고지고 새파란 풀뱀이 묘혈을 파는 시간이다. 언 손 호호 불며 만들던 찐빵도 당신에 대한 기억도 이젠 가랑잎처럼 바스락거린다. 나는 너무 멀리 와 있고 당신은 아련하다. 이제 그리운 것들은 그리운 곳으로 돌려보내야 할 시간이다. 말랑하던 슬픔을 밀치고 오늘은 먼 곳에서 당신을 바라본다. 먼 산촌의 누옥에서 방 안 가득히 찐빵을 수놓으며 한 생을 헌화하신 당신, 자식이란 덫에 걸려 그믐처럼 사위어간 당신의 희생에 대해서 생각해본다. 당신을 무럭무럭 파먹으며 어머니란 이름으로 희생을 미화했던 나의 죄에 대해서 생각해본다. 어머니란 이름을 삭제하니 가시밭길 애련히 걸어가던 한 여자의 일생이 보인다.

찐빵 한 봉지를 사들고 찐빵가게를 돌아 나오는 길, 고개를 드니 어느새 해가 서천에 걸려 있다. 어머니는 아직도 그 집에서 찐빵을 만들고 계실까. 멀리 목련 하늘 너머로 하얀 찐빵이 뭉게구름처럼 피어오른다. 찐빵이 익어가는 저녁이다. 손에 든 찐빵 한 개를 입에 넣으니 다디달다. 어머니가 사르르 녹는다.

『에세이스트』 2021. 6월호
2021. 『에세이스트』 올해의 작품상 수상작

헛기침

밤이 이슥해지자 상을 차리고 제향을 사른다. 아버지 생전에 하신 대로 열을 맞추어 음식을 진설하고 정성을 들여 잔을 올린다. 늘 아버지 옆자리에서 지켜만 보다가 오늘은 내가 제주祭主가 되어 처음으로 아버지를 뵙는 것이다. 종헌이 끝나고 긴 부복의 시간을 가졌다. 아버지 생전의 나날들이 아리게 스쳐간다. 묵배 끝에 일어설 무렵 아이들이 뒤에서 '킥킥' 웃는다. 이유인즉 내가 할아버지 헛기침 흉내를 내더라는 것이다. 어색하다며 아내도 아이들을 거든다. 그런가 싶기도 해 뒷머리를 긁적인다.

지금은 멀어져간 풍습이지만 삼십여 년 전만 하더라도 집안에 대제大祭라는 것이 있었다. 조부님과 아랫대 24종반 제종당숙들, 그리고 조카

항렬까지 한자리에 모이면 종갓집은 문전성시를 이루었다. 돼지를 잡고 떡메를 치고 아이들은 구운 가래떡을 들고 마당을 몰려다니던 시절이었다. 상이 진설되면 나는 언제나 아버지의 두루막 뒷자락에서 절을 했다. 엉덩이를 치켜들고 종조부님의 헛기침소리에 귀를 쫑긋 세우곤 했다. 헛기침은 제일 연장자가 하며 그때까지 불문율로 내려오고 있었다.

엄격한 유가풍이 몸에 밴 아버지는 유난히 헛기침이 많았다. 어릴 적 아버지의 헛기침은 예령신호 구실을 했다. '어흠~' 하며 마당을 들어서시는 아버지의 헛기침소리에 우리들은 읽던 만화책을 후다닥 숨기고 공부하는 척했으니 말이다. 지금 생각해보니 '얘들아, 아버지 들어가신다'는 시간적 말미를 부러 주신 것이 아닌가도 싶다. 아버지의 헛기침은 기상나팔 역할을 하기도 했다. 식전 밭일을 마치고 마당에 푸성귀들을 부리며 '어흠' 하시는 헛기침 소리에 남매들은 부리나케 일어나곤 했다. 어쩌다가 혼날 짓을 해도 밥상머리에서 '어흠~' 한 번 하시는 것으로 끝이었다. 그처럼 어릴 적 아버지의 헛기침은 자식들에게 말없는 규율이며 엄격한 훈시이기도 했다.

아버지의 헛기침은 난처한 자리를 피하는 수단이 되기도 했다. 집안일로 어머니의 잔소리가 길어질 때 아버지는 말로 응수하는 법이 없었다. '흠흠' 하며 철저히 묵언으로 일관하시다가 점점 당신 자신이 궁지에 몰리시면 '어흠, 허어~' 하시며 휑하니 자리를 뜨는 것이다. "저, 저 양반 좀 보소!" 하시며 어머니는 답답증으로 속이 뭉그러지곤 했다. 아버지의 헛기침은 싸움을 말리는 기능을 발휘할 때도 있었다. 집안 대제가 끝나면 제종당숙들이 빙 둘러앉아 음복을 나누어 드신다. 몇 순배의 술잔에 얼큰한 취기가 오르면 으레 제법이나 이장 문제를 놓고 논쟁을 벌인다. 결국 도가 지나쳐 언성들이 높아진다. 그럴 때 조용히 묵관하시던 아버지가 "어흠~ 고만들 하게"라며 큰 기침 한 번이면 좌중은 순식간에 조용해진다. 서열이 높은 점도 작용했을 터이지만 아버지의 헛기침은 그처럼 백 마디 말보다 유효할 때도 있었다.

헛기침은 먼 옛날부터 사용되어 온 언어 이전의 소통수단이란 생각이 든다. 어쩌면 우리 민족만이 가지고 있던 고유한 음성학적 특질이 아닐까도 싶다. 목젖을 타고 발화되는 후두음이 선대先代에 남성중심의 유교문화와 어우러지면서 하나의 의사표현 양태로 정착되지 않았을까. 하회탈에 나오는 초랭이나 관아의 이방이 헛기침을 한다는 것은 선뜻 상상이 가지 않지만 양반이 도포자락을 휘날리며 육간대청 앞에서 '이리 오너라! 어흠, 흠' 하는 것은 충분히 짐작이 가기 때문이다. 그처럼 말을 아끼고 은유의 덕목을 중시하는 유가적 전통이 이심전심의 언어로 체화된 것이 헛기침이 아닌가 싶다.

헛기침은 수많은 언어를 내포하고 있다. 그 숨은 뜻을 다 알아챌 수 있는 사람은 가족들이다. 헛기침의 장단과 강약에 따라 하던 동작을 멈추거나 짐작되는 상황에 대처한다. '날이 꾸무리하다'는 말에 빨래 걷으라는 속뜻이 있는 것처럼 헛기침으로 아침밥을 재촉하기도 하고 밥상머리 언쟁을 중지시키기도 한다. 대문 앞 헛기침소리를 듣고 젖을 주던 며느리가 옷매무새를 고치기도 하고 식솔들은 하던 동작을 멈추고 어른 맞을 채비를 한다. 이처럼 헛기침은 환기와 예령 기능 외에도 수많은 지시와 생활규범을 함의하고 있다. 이 불립문자를 다 알아챌 수 있는 사람은 오랜 유대로 맺어진 가족들이다. 그런 면에서 보면 우리 실생활에서 헛기침만큼 경제적인 표현수단이 또 있을까 싶다.

차츰 헛기침이 사라지는 시대에 살고 있다. 급격한 핵가족화와 도시 중심의 삶에 떠밀려 집안에 어른이 없다. 삼대가 함께 사는 예도 드물다. 어쩌다 함께 산다고 해도 그 옛날 호기스럽던 아버지상은 사라진 것 같다. 어쩌면 시대의 퇴물처럼 공명한 헛기침으로 잉여인생을 소일하는 것이 도시에서 노년을 보내는 이 시대의 아버지상이 아닐까.

아버지 역시 적조한 노년을 보내셨다. 상처하시고 고향을 떠나 도시의 방 윗목을 지키다가 쓸쓸히 떠나셨다. 자식 따라 도회로 떠밀려서 온 삶이기에 어딘들 정 붙일 곳이 있었을까. 봄이면 신도시 철로변을 개간해서 채마밭을 가꾸는 것이 아버지의 유일한 낙이었다. 이따금씩 기차가 지나가면 아버지는 구부정한 옹이 손을 흔들며 헛헛한 기침을 하시곤 했다. 손바닥만 한 된비알에 먼 기억의 실금을 촘촘히 그어 놓고, 아버지는 어쩌면 긴 실향기失鄕記를 쓰고 계셨을지도 모른다. 도시에 살면서부터 근엄하고 호기스럽던 아버지의 헛기침도 차츰 쇠잔해져갔다. 때가 되었으니 밥을 재촉하는 신호와, 밤새 안녕하시다는 아침

기척 정도로 그 기능도 축소되었다. 낡은 명심보감을 읽거나 부치지 않을 편지를 쓰시며 방 윗목에서 간간이 내뱉던 아버지의 헛기침은 어쩌면 사라져가는 옛것들을 호명하는 외로운 독백이었는지도 모른다.

정갈하고 풍성한 제사상을 바라본다. 살아생전에 이처럼 풍성한 상을 차려드린 적이 몇 번이나 있었던가. 육포와 삼채를 오가며 살갑게 당신께 수저를 권해드린 적이 있었던가. 생전의 죄스러움이 촛불에 스친다. 그래서 산 효자는 없고 죽은 효자는 있다고 했는가. 어리석은 게 자식인지라 이제는 죽은 효자가 되어 아버지를 뵙는다. 소지燒紙를 사르고 철상撤床을 하자 막내가 윗옷을 훌러덩 벗는다. "음복도 제사다. 아직 제사 안 끝났다"라는 나의 말에 "에이, 아부지도 안 계신데요"라며 밉살스럽게 응수를 한다. 그런가 보다. 나는 아직 신참 제주이기도 할뿐더러, 아무려면 아버지의 헛기침 한 번의 무게만큼이나 할까. 헛기침은 그만한 성품과 연륜이 따라야 자연스러워지는 법이다. 세월의 더께가 더 쌓이면 제사상 앞 내 헛기침도 자연스러워지기도 할 것이다. 방문을 열고 금방이라도 '어험~' 하며 나오실 것 같은 아버지의 헛기침, 그 말 없는 말씀이 더 없이 그리워지는 저녁이다.

2017. 『투데이신문』 전국 직장인신춘문예 당선작

여섯 명의 은전 도둑

스무 번째 황촛대가 휘어지는 밤이군요. 육남매 또 먼 길 와서 어머니 제사상 앞에 나란히 섰습니다. 정갈하고 풍성한 제사상을 바라봅니다. '내 저 세상 한 바퀴 얼른 다녀오마' 하시며 금방 돌아올 것처럼 떠나신 어머니, 해가 가고 달이 이울고 꽃이 져도 영 소식이 없네요. 언제나 사진 속에서만 환하게 웃고 계십니다. 어느새 자식들이 당신 나이를 지나가는데도 사진 속 어머니는 여전히 고우시네요. 산 사람은 어쨌든 살아간다고, 말랑하던 눈물도 이젠 굳어져서 육남매 어머니 제사상 앞에서 도란도란 이야기꽃을 피웁니다. 음복을 하고 제주 한 잔씩을 돌리는데 막냇동생 입에서 뜬금없이 돼지저금통 이야기가 나옵니다. 어릴 적 부엌에 묻혀 있던 어머니의 돼지저금통에서 은전을 훔쳤다는 고

백인 게지요. 먼 옛날 그 부엌 생각에 자꾸만 내 얼굴도 붉어집니다. 부끄러운 마음에 뒷머리를 긁적이는데 남매들이 연달아 한마디씩 고해를 합니다.

"형도 그랬어? 나도 그랬는데" "히~ 오빠, 나도……."

어릴 적 우리 집 부엌에는 여섯 마리의 분홍돼지가 살고 있었습니다. 찐빵장사를 하시던 어머니를 도와 새벽마다 찐빵을 쪄내는 일이 장남인 나의 임무였습니다. 겨울밤 희미한 호야등 밑에서 어머니와 누이들은 반죽을 개어 찐빵을 만들고 나는 부엌에서 찐빵을 쪘습니다. 어느 날 새벽, 시린 손을 호호 불며 아궁이에 지필 불쏘시개를 긁어모으다가 문득 이상한 느낌이 들어 부엌 바닥을 살금살금 파보았는데, 거기엔 여섯 마리의 커다란 돼지가 묻혀 있었습니다. 저마다 삐뚤삐뚤한 번호표를 달고 방긋이 웃고 있었던 게지요. 나는 얼른 도로 덮고 나만의 비밀인 양 시치미를 뚝 떼었습니다. 어머니는 광주리에 가득 담긴 찐빵을 일찌감치 떨이하는 날이면 함지박만 한 웃음을 지으며 만삭의 전대를 방바닥에 좌르르 쏟곤 하셨습니다. 내가 지전과 은전 동전을 분류해놓으면 손때 묻은 지전은 생활비로 쓰고 반짝거리는 은전은 돼지먹이로 사용했던 모양입니다.

겨울방학이면 나는 놋젓가락을 이용해서 감쪽같이 은전 몇 닢을 꺼내어 딱지와 구슬을 사 모으거나 친구들과 과자를 사먹었습니다. 먹거리와 돈이 궁했던 시절이었습니다. 나는 잘못이라는 것을 알면서도 내

군것질의 은밀한 저장고가 있다는 것이 기뻤고 내심 뿌듯하기까지 했습니다. 내 작은 손이 죄 모르는 죄를 은밀히 즐기는 동안, 또 다른 한 손은 남몰래 돼지 밥을 주었던 것이지요. 채워도, 채워도 배부르지 않던 돼지, 이 비밀을 혼자 간직해왔습니다. 훗날 방죽에 앉아 그 시절을 생각하며 찔끔찔끔 늦은 후회를 하기도 했습니다. 그 후 돼지에 관한 기억은 까맣게 잊었습니다. 먹이를 주던 주인이 바쁘게 세상을 떠나자 만기를 채우지 못한 돼지들도 어디론가 뿔뿔이 흩어졌겠지요.

그 옛날 여섯 명의 은전 도둑들이 어머니 앞에 섰습니다. 그렁한 눈빛으로 빛바랜 어머니의 사진을 바라봅니다. 찐빵처럼 달콤하고 둥근 세상을 살아보지 못하고 바쁘게 세상을 등진 당신, 한쪽 가슴을 아프게 움켜쥐고 하현달처럼 세상 밖으로 이울어져가던 당신의 애진 삶을 생각해봅니다. 찐빵을 팔아 짤그랑거리던 은전으로 자식들의 후일을 도모하던 당신의 알뜰한 마음을 생각해봅니다. 당신 몰래 슬쩍슬쩍 은전을 빼내던 나의 죄를 생각해봅니다.

배부르지 않던 돼지의 비밀은 혼자만의 비밀이 아니었습니다. 그 부엌 귓불 붉던 돼지들에게 열두 손들이 모두 한 번씩은 다녀간 모양입니다. 그렇게 우리 육남매는 조금씩 어머니를 훔쳐 먹으며 자랐던 것입니다. 어머니는 이미 오래 전부터 알고 있었다는 듯이 그 봄날의 사진 속에 앉아서 빙긋이 웃고 계십니다. 가만히 생각해보니 그런 것도 같습니다. 섣달 대목장이 서던 어느 날인가 딱지를 사들고 들어오는 나에게 어머니는 전대를 통째로 맡기셨습니다. 곤히 잠든 어머니를 보며 나는 지전과 은전을 가지런히 분류해놓았습니다. 그 후로 돼지저금통의 은전이 더는 필요 없게 되었습니다. 마음만 먹으면 전대의 돈을 얼마든지 가질 수 있게 되었기 때문이었습니다. 알면서도 믿어주었던 것일까요. 전대를 통째로 맡긴 어머니의 그 깊은 마음을 많은 시간이 흐른 뒤에야 어렴풋이 짐작해봅니다.

  돼지 한 마리는 내 등록금에 보태고 한 마리는 아버지 병원비에 보태고 한 마리는 누이의 시집 밑천에 보태고……. 그리고 한 마리는 당신이 입고 갈 무명수의 한 벌 마련했다는, 막내 누이의 후일담을 들으며 까무룩이 흘러간 세월 한 자락을 짚어본 어느 날 밤이었습니다.

『좋은생각』 2013. 12월호

샘치기

　벌초를 마치고 돌아가는 길에 외삼촌댁에 들렀다. '으이, 차가워!' 등목을 쳐주시는 외숙모에게 간만에 천진스런 비명을 지른다. 냉수 한 잔을 마시고 툇마루에 앉으니 앞산에 장끼가 골이 떠나가도록 운다. 누이와 저 앞산에서 꿩알을 줍고 찔레를 꺾던 일이 어제 일처럼 선연하다. 한때 이십여 가구의 친지일가들이 촌락을 이루고 살았던 약샘마을, 이제는 폐촌이 되고 외삼촌만이 근근이 고향을 지킨다. 어머니의 부지깽이를 피해 달아나던 저 논두렁 어딘가에 내 유년의 발자국이 지금도 꼭꼭 숨어 있을 것만 같다.

　외삼촌댁은 여전히 약샘을 이용하고 있다. 달랑 한 가구가 사는 마을에 상수도를 들이는 것도 마뜩잖겠지만 사방 백 리에 이만한 약수가 또 어디 있을까도 싶다. 배꼽감이 또글또글 영글어가는 감나무 아래에 작은 약샘이 있다. 돌 틈에서 흘러나오는 유서 깊은 석간수다. 샘의 이름을 따서 마을 지명도 약샘마을이 되었다. 집은 무너지고 마을은 폐허처럼 쓸쓸했지만 약샘은 여전히 물이 마르지 않았다. 투명한 돌바닥을 보니 샘을 친 지 얼마 되지 않은 듯했다. 측백나무도 산뜻하게 이발을 한 모양새다. 고향을 지키는 외삼촌의 배려이다.

나는 오래된 습관처럼 샘가에 가만히 쪼그리고 앉는다. 물속으로 적요한 옛날이 흘러간다. 뭉게구름이 흘러가고 아버지의 고봉지게가 흘러간다. 고모의 물동이가 흘러가고 깨꽃 같은 아이들의 웃음소리가 흘러간다. 그네를 타던 열아홉 새파란 엄마의 전설도 함께 흘러간다. 전란의 상처를 딛고 절뚝이며 보릿고개를 넘어오던 이 마을 사람들의 숱한 이야기들이 찰랑찰랑 샘가로 흘러넘친다. 오래된 기억의 저장고처럼 샘은 참 많은 사연들을 내게 들려준다.

그 시절 샘은 아낙네들의 소통의 공간이자 소문의 근원지였다. 새벽이면 쌀을 씻고 저물 무렵이면 마을 아낙들이 삼삼오오 샘가에 모여 빨래를 하거나 허드렛일을 하면서 서로간의 집안내력이나 일상의 안부들을 교환했다. 시집살이 설움이나 투전판에 드나드는 남편들 흉을 보며 서로 위로받고 위로하며 쌓인 스트레스를 풀기도 했다. 요즘으로 말하면 샘이 일종의 노천카페 역할을 했던 셈이다. 또 샘은 아낙들의 두레공간이 되기도 했다. 누구네 집에 잔치나 초상이 있으면 아낙들은 누구 먼저랄 것도 없이 팔을 걷어붙이고 샘가로 모여들었다. 삼발이를 걸고 옹기종기 모여 밥과 국을 끓여냈다. 전을 부치거나 떡쌀을 씻으며 울력으로 이웃 간의 정을 다분다분 나누었던 것이다. 그처럼 샘은 아낙네들의 속풀이 마당이자 소통의 역할을 했다.

  샘치기는 바닥에 쌀알이나 앙금이 가라앉고 돌에 물이끼가 낄 때쯤에 수시로 하는데 내가 기억하는 것은 동지와 단오 무렵의 샘치기이다. 동지 때는 샘을 친 후에 마을의 안녕을 기원하는 치성의식이 있었는데 명태와 명주실타래 그리고 팥죽 한 그릇을 소반 위에 올리고 치성을 드렸다. 단오 무렵의 샘치기는 한 해 농사의 풍요를 빌며 마을의 화합을 다지는 여흥의 성격이 강했다. 어른들은 단옷날에 쓸 돼지를 잡고 장정들은 그네에 쓸 굵은 타래새끼를 꼬아 느티나무에 매달았다. 이때도 샘치기는 여자들의 몫이다. 여인네들은 합심해서 물을 퍼낸 후 수세미로 이끼 낀 돌바닥을 매끈하게 닦는다. 그리고 갓 따온 호박잎으로 파란 즙이 나도록 돌 틈새를 빡빡 문지른 뒤 고인 물을 말끔히 퍼낸다. 그리고 물이 차서 흘러넘칠 때까지 기다려주면 된다.

  샘을 치는 날이면 나는 혼자 이 샘가에 앉아 있곤 했다. 물이 차오르기를 기다렸던 것 같다. 날이 어둑해질 때까지 샘가에 골똘히 앉아 있다 보면 한 뼘 두 뼘씩 물이 고이다가 드디어 찰방하게 흘러넘친다. 물막이를 따라 부유물들이 떠내려가고 나면 비로소 물이 투명해진다. 그때서야 나는 조롱박으로 첫물을 떠먹는다. 다디단 그 첫 물맛을 나는 지금도 잊을 수가 없다. 샘물이 차오르기를 기다렸던 것은 첫물을 남들보다 먼저 먹는다는 야릇한 성취감 때문이었는지도 모른다. 그러나 그 첫 물맛을 보려고 오금이 저리도록 쪼그리고 앉아 있었던 것만은 아니었던 같다. 그저 그때는 그 기다림이 좋았다.

 적요한 한낮, 찾아오는 이 하나 없는 인적 드문 마을이건만 샘은 여전히 투명한 노래를 부른다. 마치 무상설법이라도 하는 양 찰랑찰랑, 부드러운 청음으로 저 혼자 몸을 맑히고 있는 중이다. 샘은 저렇게 흘러넘쳐야 제 맛이다. 넘치지 않으면 부유물들이 침전되기 때문이다. 침전된 부유물들은 오래되면 앙금鳶숋이 된다. 앙금이 가라앉으면 약간의 파동에도 물은 탁해진다. 그래서 샘은 스스로 흘러넘치기도 하고 때가 되면 흔쾌히 바닥을 비워주기도 한다. 자정自淨과 비움의 성정이 있기 때문이리라.

 사람이라고 이와 다를까. 내 마음속에도 샘이 있다. 미움의 샘, 집착의 샘들이 그런 것들이다. 생업에 일희일비하며 일상을 동동거리다 보니 침전물들을 제때에 비워내지 못하고 산 것 같다. 샘처럼 흘러가게 버려두지도 못했다. 매 순간 애증에 연민하며 누군가에게 상처주고 상처받으면서 살아온 것 같다. 더러는 무연한 말 뿌리에 걸려 긴 밤을 모로 누워 상한 마음을 쓸기도 했다. 쓸어내지 못한 것들은 상처로 남게 마련이다. 상처는 오래두면 앙금이 된다. 그래서 작은 파동에도 쉬이 마음이 탁해지고 낯빛이 흐려진다. 지난한 생의 부유물들을 제때에 밖으로 내보내지 못했기 때문이리라.

　등 뒤로 직립의 햇살이 내린다. 물속이 환해져온다. 어쩌면 하루치의 햇살보다도 짧은 것이 우리네 생일진대 흘려보내지 못한 것은 무엇이고 담아둔 것은 또 무엇인가. 흘려보내면서 살아야겠다. 샘을 치듯이 가끔은 마음의 바닥도 쳐볼 일이다. 한 시절 내 골똘한 기다림이 머물다 가던 유년의 샘, 이제 어른들은 산으로 떠나고 도회로 간 아이들은 돌아오지 않는다. 후미진 고향은 풍장風葬에 든 듯 고요하고 쓸쓸하다. 그러나 퐁퐁, 맑은 물이 샘솟는 저 약샘이 있는 한 아직 나의 고향은 살아 있다. 벌컥, 샘물 한 바가지를 들이킨다. 묶은 체증이 '싸아' 하게 내려간다. 오늘은 고향에 와서 마음의 샘을 치고 간다.

『수필미학』 2017. 여름호

한 장의 사진

 이곳에선 섣불리 이별을 말해선 안 된다. 소리 내어 웃거나 함부로 셔터를 눌러서도 안 된다. 망배단에 엎드려 마른 눈물 글썽이는 저 노인의 비애 앞에선 말이다. 거미줄 같은 육신에도 한 떨기 그리움은 남아 먼 북녘을 향해 엉거주춤 합장하는 노인의 뒷모습에서 나는 그만 숙연해진다. 잠깐의 화해는 한때의 유행가처럼 흘러가고 만 것인가. 간간이 이산離散의 탄식만이 철책 너머로 달음질칠 뿐, 임진각은 다시 적막하다.
 임진각을 돌아 나오는 길에 한국전쟁사진 전시관에 들렀다. 사진은 참혹한 슬픔으로 인화되어 있었다. 오랜 관념 속에 박제된 죽음들이 여기선 아직도 물컹물컹 생동하고 있는 듯했다. 사살명령이 떨어진 줄로 오해하고 태극기를 흔들며 살려달라고 미군에게 애원하는 북한군 학도

병, 죽은 엄마의 젖을 빨며 칭얼대는 어린 남매, 국군을 따라 피난 가는 긴긴 보따리 행렬, 그 하얀 비명들이 쟁쟁 귓가를 때린다.

전쟁은 한 사람의 광기에서 시작된다고 했던가. 시신이 난무하고 죽음이 일상인 전장, 나는 검은 광기의 숲에서 황급히 달아나다 문득 한 장의 사진 앞에서 걸음을 멈췄다. 집단학살 장면이다. 한 여인이 시신을 찾고 있는 장면에서 나는 오래전에 죽은 한 사람의 얼굴을 떠올린다. 내 속에서조차 꼭꼭 밀봉해둔 어머니의 비밀, 어쩌면 그 시대를 살았던 모든 어머니들의 은밀한 상흔을 저 사진 한 장이 웅변해주고 있는 듯 아프고도 섬뜩한 전율이 스친다. 어머니는 어느 폐족의 금서처럼 상처를 홀로 묻어두고 살다가 가셨다.

"언니가 너들한테는 입도 뻥긋하지 말라고 하도 닥달을 해놔서 여태까진 내 아무 말 안 했다만, 인자 니 어매도 저승 갔고 니들도 마카 직장 잡았응께 알껀 알고 살아야 되지 않겠나? 에구, 언니 불쌍도 하재, 모진 시상 질기게나 살아보잖코."

어머니의 비밀 보따리는 그렇게 풀어졌다. 이모님의 장탄식에 나는 찔끔 집히는 것이 있어 이야기를 재촉했다. 이모님은 1950년 칠월 어느 여름날로 나를 데리고 갔다. 내가 태어나기 십여 년 전쯤의 일이다.

전쟁 한 달 만에 인민군들은 외할아버지가 사시는 경북 산간마을까지 진격해왔다. 군인들은 다급하게 퇴각하면서 좌익명단에 오른 사람들을 마구 잡아갔다. 외할아버지가 보도연맹에 가입했는지는 확실치 않다. 당시 마을은 씨족 집성촌으로 이루어졌고 그 때문에 성씨가 다른 외할아버지가 지목되었던 것은 아니었을까. 막연히 추측해볼 뿐이다.

 외할아버지는 뽕밭에 똥을 주러 갔다가 군인들에게 잡혀갔다. 그때 어머니 나이 열여덟이었다. 아버지에게 시집온 지 이태 만에 벌어진 일이다. 고평 나들로 빨리 가라는 마을사람들의 기별에 어머니와 외할머니는 마구 뛰었다. 나들엔 땡볕에 문드러진 시신과 화약 냄새만이 자욱했다. 외할머니는 끝내 시신 쪽으로 오지 못했다. 어머니가 시신을 한 사람 한 사람 더듬던 중 단말마를 질렀다.

 "엄마, 아부지 여기! 아부지이……."

 윗주머니에 있던 외할아버지의 주민증을 보고 어머니는 당신 아버지를 찾아냈다. 외할아버지는 간다는 말 한마디 못하고 바로 즉결처분되었다. 이모님 말씀대로 외할아버지는 "아침 잘 자시고 뽕밭에 갔다가 그 길로 멍석에 말려 앞산으로" 가셨던 것이다. 그해 칠월 내내 장꿩 같은 울음이 온 동네를 떠다녔다. 소문은 흉흉했고 사람들은 대문을 굳게 닫고 입을 다물었다. 며칠 후 외할머니는 어린 이모들을 외증조모님께 맡기고 외삼촌만 데리고 야반도주했다. 그리고 훨씬 훗날이 되어서야 돌아왔다.

 이모님의 눈물콧물 사설이 종반부를 향해 목쉰 듯이 넘어가고 있었다. 나 역시 이모님의 눈물 장단에 찔끔거리며 늦게나마 천 갈래로 찢어졌을 어머니의 그 말없던 흉중을 헤아려보았다. 열여덟은 요즘으로

한 장의 사진 149

보면 사춘기를 막 지난 소녀일 뿐인데 그 어린 눈으로 당신 아버지의 참상을 목도했던, 그때 어머니의 충격은 어땠을까. 그래서 외가댁과 왕래를 끊고 사셨던 것일까. 그래도 살아생전에 한 번쯤은 자식들에게 장탄식이라도 내뱉었을 법도 한데, 어머니는 무엇이 두려워서 입을 굳게 닫으셨던 것일까. 당신 스스로도 외할아버지를 죄인으로 단정했던 것일까.

당시만 해도 '빨갱이'는 일종의 주홍글씨였다. 노예의 화인火印처럼 빨갱이 집안이라고 낙인찍힌 폐족들이 발붙일 땅이 어디 있었으랴. 사방이 의심의 눈빛들이고 연좌제란 올가미는 사내아이들이 세상으로 나가는 길을 일찌감치 봉쇄했다. 그래서 어머니는 모질게 돌아앉았던 것이리라. 풍비박산 난 친정에 금단의 선을 그으셨던 것이리라. 새끼 품은 새는 날아가지 않는다는 말처럼 어머니는 친정보다 자식의 앞날을 걱정했던 것이다. 행여 그 붉은 화마가 자식에게까지 불어 닥칠까, 상처 난 가슴으로 새끼들만 품었던 것이리라. 그 불모의 세월을 시어른들 눈치를 보며 매운 시집살이를 홀로 견뎠을 어머니, 지아비의 붉은 내력이 자식에게 미칠까 외삼촌을 데리고 낯선 곳으로 떠났을 외할머니, 그 시리고도 암울했을 시간이 저 빛바랜 사진 한 장에 덧그려진다. 외가와 단절했던 어머니의 비정한 세월, 그 슬픈 공덕 때문일까? 다행히 지금 아들 삼형제는 모두 공직의 길에 안착해 있다

전쟁은 어머니의 시간에 일어났다. 어머니들은 폐허의 산맥을 피울

음으로 넘어왔다. 눈물 한 보따리씩 머리에 이고 보릿고개를 넘어 오늘의 우리를, 나를 풍요의 반석 위에 올려놓았다. 그리고 이제 잠들거나 잠들어 가신다. 생각할수록 우리는 부모님 세대에 죄송한 자식들이다. 그저 전쟁을 박물관에 전시된 추억쯤으로 알거나 아니면 흥남이나 영도다리 밑으로 흘러가버린 노랫가락쯤으로 흥얼거린다. 전쟁을 함부로 말하거나 평화를 너무 쉽게 낙관한다. 통일은 정치적 수사로 덧칠되거나 머릿속 관념으로만 흐른다. 휴전선에 꽃삽을 들자면서 또 한편으로는 총구를 겨눈다. 이 두 지점에서 우리들의 어머니는 늘 슬프다. 사진 속의 여인이 나에게 당부하는 것만 같다. '나의 슬픔은 세상 모든 어머니들의 슬픔이니, 아들들아, 부디 나를 바로 읽고 거기서 내일을 살아가는 지혜를 얻어라.'

얼마 전 외삼촌에게 전화가 왔다. 전쟁 중에 희생된 150구의 합동위령제가 열린다는 것이다. 모두가 농사짓던 농민들인데 좌익이란 오명 때문에 죽어서도 이승을 떠나지 못한 억울한 원혼들이다. 늦게나마 역사의 햇살 아래 나올 수 있어서 다행스럽다. 나 역시 이제 외할아버지를 정당한 거리에서 바라볼 수 있게 되었다. 어머니도 지하에서나마 기뻐하실 것 같다.

흰 새 한 마리가 임진각 하늘을 날아오른다. 저 새는 좌우의 날개로 균형을 잡았기에 멀리까지 날아갈 것이다.

『좋은수필』 2017. 11월호

오래된 집

 가을이 되어서야 집으로 돌아왔다.

 마당을 들어서자 아버지는 도리깨질이 한창이다. 어여차, 휘모리장단으로 타작마당을 내리친다. 앞산 뒷산을 쩌렁쩌렁 울린다. 토실한 올콩들이 사방으로 콩콩 튄다. 작은 솟을대문을 열자 오래된 종마루와 쌀뒤주가 보인다. 늙은 쥐들이 뒤란으로 달아난다. 천장엔 세월의 더께에 그을린 묵은 홍어가 매달려 있다. 아버지의 바람기를 막으려는 어머니의 주술이 통했을까? 아니라는 듯 홍어가 바람에 꼬리를 살랑댄다. 가마솥엔 보리밥 한 그릇이 따끈하게 데워져 있다. 부뚜막에 앉아서 허기를 채우고 어머니 옆에 가만히 눕는다. 얼마만일까. 어머니의 숨소리가 꿈결처럼 아늑하다. 꿈일까? 봉창에 비친 달빛에 이끌려 마당으로 나왔다. 지붕을 타고 오르던 만삭의 박이 달빛에 처연하다. 만곡선으로 이어진 초가 위로 한 망태기의 별들이 와르르 쏟아진다. 정녕 꿈일까? 멀리 도릿대를 돌아가는 기적소리에 그만 오래된 집 한 채가 폭삭 무너져 내린다.

세상에 그런 집은 없다. 나는 지금 허물어져가는 옛집을 바라보고 있는 것이다. 유년의 태가 묻힌 마당을 서성이며 그저 사라져간 먼 시간의 얼레를 자늑자늑 당기고 있을 뿐이다. 어느 왕조의 유적지도 아니건만 흙 한 줌 질그릇 한 조각에도 애틋한 시선이 머문다. 모든 것이 떠났고 모든 것이 사라졌다. 토담은 무너지고 감나무는 베어졌다. 솟을대문도, 초가지붕도, 옛 동무도 사라졌다. 무너진 텃밭엔 누군가 심어놓은 청무만이 쇠잔한 가을을 지키고 있다. 샘가엔 이끼 낀 전설만이 새파랗게 눈 뜨고 있다. 상수리나무 우듬지를 휘감고 도는 바람만이 옛 소년의 쓸쓸한 귀가를 반기는 듯하다. 절실함은 가장 늦게 찾아온다고 했던가. 늦었다 싶을 땐 이미 모든 것이 사라진 후이다. 그립고 소중한 것들은 언제나 과거에 있다. 그래서 과거로 가는 길은 퇴행성관절염처럼 저리고 아프다.

세월이 흐를수록 사무치는 것이 집이다. 집은 세상의 모든 그리움의 원형질이 간직된 곳이다. '집'이라는 글자를 조음하는 순간 눈 까만 아이들이 오르르 모여든다. 아랫입술이 달작지근해지고 어느새 마음 한

자락이 따뜻해져 온다. 탈곡기, 몽당비, 시렁의 호박, 신줏단지, 거미줄까지 어느 것 하나 그립고 소중하지 않는 것이 없다. 그 옛날 가난만 풍구질하던 먼먼 산촌의 누옥이었지만 집 안은 언제나 보름달처럼 꽉 찼다. 모든 것이 부족했지만 또 모든 것이 풍족했다. 어머니의 젖줄을 물고 아이들이 박꽃처럼 순하게 자라나던 곳, 아버지의 투전놀이에 어머니의 잔소리가 늙어가던 곳, 보리누름 넘실대는 산등성에 앉아서 아버지를 기다리며 누이와 보리피리를 불던 곳, 해 지는 줄 모르고 놀다가 숯 검댕이 얼굴로 돌아가던 곳, "이놈아, 까마귀가 할배요 하것다"며 어머니의 손에 이끌려 코 묻은 때를 씻어내던 곳이 집이다.

어느 땐가 모두들 집을 떠났다. 패랭이꽃 같은 아이들이 가난에 떠밀려 쭉 뻗은 길을 따라 상경열차를 탔다. 쭉 뻗은 길은 미지의 세계로 가는 출구이자 출셋길이다. 성공해서 돌아오겠노라는 맹세를 어머니의 물 묻은 손에 새겨두고 나 또한 상경열차를 탔다. 그러나 성공은 좀체 잡히지 않는 신기루였다. 도시의 삶이란 비정하기 마련이다. 삶의 돌부리에 걸려 자주 넘어졌다. 그럴 때면 도시의 쪽방에 누워 고향을 생각했다. "야야, 밥 묵어라!"는 어머니의 음성이 경전처럼 들리던, 그 정겨운 집을 생각하며 상한 마음을 쓸기도 했다. 그렇게 지치고 외로울 때면 생각나던 곳이 집이다.

달캉거리는 완행열차를 타고 집으로 가는 길은 포근했다. 산마루에 오르면 꾸부정한 샛길을 따라 눈이 먼저 집으로 달려가곤 했다. 어머니 손에 이끌려 따끈한 아랫목에 앉으면 나는 금세 아이처럼 순해진다. 어머니가 끓여준 호박죽을 배불리 먹고 봉창 달이 이울도록 이야기꽃을 피웠다. 아버지의 비질 소리에 눈을 떴다가도 집이라는 안도감에 다시 곤한 아침잠에 빠지곤 했다. 그렇게 집에서의 하룻밤으로 세상살이 다친 상처를 씻기도 하고 모난 마음을 누그러뜨리기도 했다. 어쩌면 그 시절 집은 지상에서 가장 따뜻한 나만의 성소聖所였는지도 모른다.

집은 누군가의 기다림이 소진되던 공간이기도 했다. 사는 동안 귀향 열차를 몇 번이나 탔던가. 자식을 기다리며 어머니는 또 집 앞 동구 밖을 몇 번이나 서성거렸을까. 언제나 '다음, 다음'이란 말로 훗날을 기약했다. 가정을 이루고 아이들이 클수록 움켜쥐어야 할 양은 많아졌다. 자연히 '다음'이란 구실도 잦아졌다. 그렇게 집으로 가는 길도 멀어졌다. 너무 멀리 왔고 더는 길이 보이지 않을 때 비로소 집이 보였다. 훗날이 돌아온 것이다. 그러나 기다림이 소진된 자리는 쓸쓸했다. 집은 무너지고 어머니는 떠났다. 내 그리움의 발원지가 사라진 것이다. 쇠락한 폐지를 서성이며 이제는 만질 수 없는 어머니를 생각한다. 매순간 욕망을 부풀리며 쫓긴 세월, 뒤늦은 후회가 갈바람에 바스락거린다. '다음'이란 말은 신기루와 같은 것이었다. '훗날'은 미처 어머니까지 예매해두지는 못했다. 그래서 지금 집으로 돌아갈 수 있는 사람들은 행복하다. 성공해서 돌아오겠다던 어머니와의 약속은 끝내 지키지 못했다. 너무 늦은 귀가였다.

지명知命의 언덕에 앉아서 옛집을 생각한다. 아슴아슴 마음의 촉지도를 따라 집으로 돌아가는 길, 나의 집은 밥풀 꽃 하얗게 피어 있는 산비탈로 간다. 굽이치는 강섶으로 가고 둥근 박 둥근 달빛으로 간다. 박꽃 같은 누이들이 자라던 뒤란으로 가고 순정한 첫 마음을 만나러 가는, 그 먼 기억 모퉁이에 나의 옛집이 있다. 사는 동안 누구나 길을 떠난다. 꿈을 안고 출셋길을 떠나고 배움의 길을 떠난다. 그러나 종국에는 집으로 돌아간다. 오동나무 저녁연기 피어오르던 옛집으로 돌아간다. 집은 삶의 근원이자 모태母胎이기 때문이다. 태초의 그리움이 저장된 마음의 곳간이기 때문이다.

앞산 무덤이 가을볕에 봉긋하게 부풀어 올랐다. 어머니는 오래 전에 둥근 집 한 칸을 마련했다. 영원한 안식의 집에 드신 것이다. 가을 나이가 되어서야 나도 온전한 집 한 칸을 마련한다. 번잡함도 욕망도 가라앉은 내 마음의 공지에 늦게나마 빈 집 한 채를 들인다. 삶이 팍팍할 때마다 나는 이 집을 자주 들여다볼 것이다. 사방에 어둑발이 내린다. 산 꿩 울음마저 그친 폐촌은 적막하고 쓸쓸하다. 어둠이 길을 닫기 전에 나는 다시 왔던 길을 돌아가야 한다. 비록 삭막한 도회지이지만 지금은 내가 아이들의 집이기 때문에,

에세이문학 2015. 봄호
2015.『에세이문학』올해의 작품상 수상작

양치기 개와 춤을

울퉁불퉁 생긴 대로, 지어진 이름 그대로 '만년' 동안 살고 싶다. 풀벌레 우는 쪽으로 귀 열어두고 바람이 집도한 풀잎 검劍으로 나는 날마다 마음을 성형하고 싶다.

성형시대

아이가 엄마를 닮았다는 말도 이제는 옛말이 된 것 같다. 뜯어고치는 것이 유행병처럼 번지고 있다. 인간이 조작되고 변형되는 시대다. 인간의 조물주가 외과의사가 된 지도 오래된 듯하다. 이런 추세라면 똑같은 유형의 미인들이 대량복제 되는 날도 멀지 않은 것 같다. 그래서일까. 실제로 요즘 나는 아이돌가수들의 얼굴을 거의 구분하지 못한다. 미인의 전형이 도식화된 듯, 얼굴, 말, 표정까지도 똑같으니 어찌 구분이 쉽겠는가. 마치 참새들의 얼굴을 구분하지 못하는 것처럼 모두가 동글동글하고 예쁘다. 예쁘기는 하나 웅숭깊은 개성미가 없다. 꽃은 꽃이되 향기 없는 꽃 같다는 느낌이 든다. 미녀는 많되 미인美人은 드문 시대다.

성형은 더 이상 숨길 필요도 부끄러울 일도 아닌 것 같다. 오히려 몇 몇 방송프로그램에선 성형이 필요한 사람들을 경쟁적으로 출연시킨다. 마치 재단사가 옷을 재단하듯이 의사가 세세한 인지도人地圖까지 그려가며 신체부위별로 견적을 뽑는다. 그리고 상업주의와 맞물려서 그 변신의 성공담을 드라마틱하게 연출하고 있다. 성형이 현대에선 성공의 선결조건쯤으로 인식되고 있는 듯하다. 물론 성형의 긍정적인 효과를 모르는 바는 아니다. 또 자식을 좀 더 반듯하게 사회로 진출시키려는 부모의 마음이 이해될 법도 하다. 그러나 늘 과유불급이 문제다. 성형중독증에 걸려 인생을 망치는 사례도 가끔 보았다. 그나마 경제적으로 여유가 있는 부모들은 낫다. 문제는 성형이 꼭 필요한데도 경제적여건 때문에 성형을 하지 못하는 가난한 청춘들의 좌절감이다. 그런 자식을 둔 부모의 마음은 또 어떨까.

요즘 들어 개명 바람도 유행병처럼 번지고 있다. 이름도 성형시대에 접어든 것 같다. 어감이나 뜻이 너무 촌스럽거나 오해를 받을 만한 이름이면 개명을 하는 것이 좋을 수도 있겠다. 그러나 괜찮은 이름을 바꾸는 사람들을 종종 본다. 무슨 말 못 할 사정이 있다면 모르겠지만, 물론 건강과 재운을 이름 탓으로 돌리는 작명가의 부추김도 한몫했을 성싶다.

나 역시 이름에 대한 불만이 없는 것은 아니다. '만년滿年'이란 이름은 한 해를 꽉 차게 살라는 뜻이다. 뜻은 좋지만 어감이 별로다. 상대편이 '연' 자로 종종 오기할 때도 있고 어릴 땐 '천년만년 살고지고'로 놀림을 받을 때도 많았다. 안동 김씨 본本에 오행五行을 기본 축으로 짓다 보니 이름이 그렇게 된 것이다. 그래서 사촌들 이름 역시 '일년, 중년, 풍년, 억년, 광년' 등등이다. 왠지 '풋!' 하고 웃음이 난다. 가끔 문우文友들도 이름을 시詩적으로 좀 고상하게 바꾸어보라고 농 삼아 권하기도 한다. 그래서 한때 철의 향기, 즉 '철향鐵香'이란 필명을 써본 적도 있다. '샤넬, 꽃향기만 향기냐, 철에도 향기가 있다. 일하는 사람들의 향기' 뭐 이런 생각으로 말이다. 그러나 역시 이대로 쭉 가야겠다고 마음을 고쳐먹었다. 어쨌든 부모님이 지어준 이름이고, 또 이름에는 그 사람의 생의 이력이 묻어 있기 때문이다. 왠지 개명하는 순간 내 다난했던 추억과 삶의 지문들도 함께 사라질 것만 같아서다.

조작되고 변형되는 게 어디 그뿐이랴. 강물도 다림질해놓은 것처럼 쭉 뻗어 있다. 시멘트로 분장한 방죽이 교도소 담장처럼 근사하다. 매끈하게 뻗은 보와 아치형의 철제 다리들이 늘씬한 각선미를 뽐내고 있다. 역시 성형미인이란 생각이 든다. 치수治水의 수준을 넘어 온 하천이 시멘트로 깁스를 한 것 같다. 회색빛 콘크리트가 복제 그림처럼 천편일률적이다. 거기 따뜻한 인간의 풍정風情이 들어앉을 자리는 없다. 강물은 굽이쳐 흘러야 제 맛이다. 어머니의 휘늘어진 열두 폭 치맛자락처럼, 때론 소용돌이치고 때론 유장하게 흘러야 강다운 강이다. 흐름이 끊긴 자리에 생명은 없다. 침전물이 부유하고 고기들이 죽어가고 있다. 해오라기들이 쉬었다 갈 수 있는 삼각주와 늪도 사라졌다. 모래톱도,

물속으로 얼비치던 미루나무도, 염소의 말뚝도 사라졌다. 버들치를 잡으며 뭉게구름을 쫓던 내 유년의 추억도 함께 사라졌다. 휘파람을 불며 방죽을 걷던 은유의 숲이 사라진 것이다.

성급하게 깎아 만든 저 늘씬한 강은 더 이상 강이 아닌 듯싶다. 어쩌면 시멘트로 분장된 거대한 위선의 강이 아닐까도 싶다. 포클레인과 불도저가 집도한 또 다른 성형미인일지도 모른다. 인간과 자연과의 공존을 피폐시킨 개발중독, 또 다른 성형중독증이 아니고 무엇일까. 그래서 인간의 파괴적 속성을 꼬집어 호모 사피엔스가 아닌 호모 라피엔스 Homo Rapiens, 즉 '약탈하는 사람'이라고 명명했다.

천지동근天地同根이라는 법어가 있다. 하늘과 땅, 자연과 내가 한 뿌리로 연결되어 있다는 뜻이다. 그래서 "오늘 내 마음이 쓸쓸한 것도 지구 반대편에서 나뭇잎 하나 떨어지기 때문일지도 모른다"고 했지 않은가. 자연이 아프면 내가 아픈 것이다. 녹조와 시멘트 독에 부유하는 고기들을 보면 내 마음이 아픈 것이다. 하늘 아래 뭇 생명들은 저마다의 존재이유가 있다. 적어도 인간의 풍요가 고기들의 삶터를 강제철거 하는 저 강물에 있지는 않아야 한다.

어쩌다가 도회의 부촌을 지나다 보면 담장 너머로 매끄럽게 깎인 잔디나 정원수들이 보인다. 역시 성형가위로 잘 재단된 인조조형물들이란 느낌이 든다. 팔 잘린 노송이나 지주목에 괴인 관목들을 보노라면 측은한 생각마저 든다. 어쩌다가 뿌리째 뽑혀온 생이 되었는지. 나무들이 잔병치레하는 아이처럼 생기가 없어 보인다. 대지의 기운을 잃어버려서일 게다. 달빛, 별빛, 풀벌레소리까지 흠뻑 머금고 청공으로 우람한 팔을 벌리고 선 나무라야 나무답다. 강은 강대로, 돌은 돌대로, 삼라만상이 자연 그대로일 때가 좋다. 자연스러움이야말로 최고의 아름다움이라고 했지 않은가. 그런 것이 좋아 보이는 나이에 와 있다.

그래서일까. 나는 마당이 있는 집을 좋아한다. 마당도 그 집 주인처럼 늙수그레한 마당이 좋다. 듬성듬성 잡초들이 자라고 담장엔 금부처 같은 호박 몇 덩이쯤 굴러다니는 마당이면 더욱 좋다. 온종일 묵은 닭들이 구구대고 멀구슬나무나 키다리 수숫대들이 오가는 길손에게 손짓하는 마당, 그런 집은 십중팔구 찌르레기나 풀벌레들이 주인행세를 한다. 그런 집 평상에 앉아서 옥수수피리나 불며, 그렇게 울퉁불퉁 생긴 대로, 지어진 이름 그대로 '만년' 동안 살고 싶다. 풀벌레 우는 쪽으로 귀 열어두고 바람이 집도한 풀잎 검劍으로 나는 날마다 마음을 성형하고 싶다.

『에세이문학』 2019. 봄호

막걸리애愛

바야흐로 농사철이 돌아왔다. 목련은 허공으로 자줏빛 혈포를 마구 쏘아올리고 새들은 곡예비행을 하며 춘풍을 즐기기에 여념이 없다. 겨우내 묵언하던 엄나무, 두릅도 손톱만 한 촉을 틔우며 첫 말문을 연다. 들판 여기저기서 트랙터 돌아가는 소리가 시끌벅적하다. 저마다 거름을 뿌리고 묵은 흙을 갈아엎고 고랑을 튼다. 나도 기지개를 펴며 슬슬 밭으로 진출한다. 난롯가에서 움츠렸던 게으름을 털고 굼실굼실 부풀어 오르는 흙냄새를 맡는다. 역시 사람이든 식물이든 생명력을 환기시키는 것은 땅의 기운만 한 것이 없다. 자두, 복숭아, 대추, 체리, 보리수, 팥배나무 등이 오늘 식재할 목록들이다. 직장동료들의 도움을 받아 얼추 한나절을 심고 나니 목이 컬컬해진다. '컬컬'하다의 동의어가 막걸리쯤 되려는가. 시원한 막걸리 한 사발이 절로 생각난다. 때맞추어 아내가 발그레한 볼을 훔치며 냉이 지짐에 막걸리 한 주전자를 새참으로 내어온다. 누구 먼저랄 것도 없이 우리는 삽자루를 내던지고 밭둑에 앉는다. "그려, 막걸리는 역시 주전자에 따라 먹어야 제 맛이제." 말 떨어지기가 무섭게 사발 가득히 막걸리를 따른다. '벌컥벌컥', '커억' 모두들 '커억' 하는 추임새 한 소절씩 넣으며 아라리가락처럼 목구멍으로 술술 잘도 넘긴다. 넘길 때마다 목젖이 벌름거리고 뱃구레가 들썩거린다. 뱃심 뚝심으로, 오후 나무심기의 구 할은 막걸리 힘이다.

막걸리는 청주에 비해서 흐리다 해서 탁주濁酒라고도 하고 막 걸러냈다고 해서 막걸리라고 불린다. 우리 민족의 전통주이자 국민주이기도 하다. 배고픈 시절에 술 막지를 먹고 홍당무가 되어서 등교하던 기억, 술심부름을 하다 그만 쏟아버려서 아버지에게 혼나던 기억, 밀주단속반에 걸릴세라 술 단지를 지게에 지고 뒷골 뽕나무 밭으로 내빼던 아버지의 당황스러운 뒷모습, 젖 도는 술이라고 가끔 부뚜막에 앉아서 홀짝거리다가 그 여흥으로 춘향가 한 소절 흥얼거리시던 젊은 엄마, 고사리 같은 손으로 술빵을 뜯어먹던 어린 남매들, 그 시절을 건너온 세대라면 누군들 이런 추억 한 구절쯤은 간직하고 있을 것이다. 그래서 막걸리는 고달픈 보릿고개를 넘어오던 민초들의 길동무이자 우리 민족의 애환이 짙게 서린 서민의 술이라고 할 수 있다. 일찍이 다산茶山은 목민심서에서 "흉년에 나라의 금주령이 내렸지만 탁주는 요기도 되는 관계로 그냥 넘어갔다"라고 했지 않았던가. 때론 막걸리 신명으로 삶을 위무하고 때론 술 막지로 배고픔을 달래기도 하면서 "술 익는 마을마다 타는 저녁놀"을 배경으로 사람들은 그렇게 시린 삶을 건너왔다.

막걸리는 특별한 안주가 필요 없다. 열무김치 하나로도 족하다. '안주가 없으면 손가락을 빤다'는 말도 막걸리를 두고 한 말이 아닌가 싶다. 막걸리는 돼지껍데기, 도토리묵, 지짐, 두부, 어느 음식과도 잘 어울린다. 마른 멸치에 고추장이면 또 어떤가. 밥상 위에 오르는 반찬이 곧 막걸리 안주다. 찬밥 더운밥 가리지 않고 아무데나 허허실실 잘 어울리는 마음씨 좋은 이웃집 아저씨의 품성을 닮았다. 그래서 막걸리를 받는 손들은 겸손하다. 주전자가 먼저 허리를 굽히면 술잔을 받는 사람도 두 손으로 받든다. 막걸리 한 사발을 탁자에 놓으면 세상사 근심이 다 사라지는 것만 같다. 막걸리잔 앞에서는 격식이나 허세도 없다. 입은 채로 노천이든 들마루든 아무데나 걸터앉아 한 사발 가득 따르며 형님 먼저 아우 먼저, 그렇게 사람들과 친해지고 인생도 얼큰해진다. 오가는 대화도 막걸리처럼 털털하고 수더분하다. 열무겉절이 버무리듯이 서로의 마음들을 막걸리 몇 잔에 버무리다 보면 더러는 쌓였던 오해도 풀리고 앙금도 털어낸다. 그래서 더불어 마시면 응어리가 풀리는 것이 막걸리 오덕五德중 일덕一德이라고 하지 않았는가. 그래서인지 막걸리 한 사발을 거침없이 벌컥 하고 풋고추를 와작 깨물어 먹는 사람을 보면 왠지 정감이 간다.

비 오는 날이면 유독 막걸리가 땡긴다. 그래서 나는 일찌감치 '막걸리는 비를 타고 온다'고 명명해두었다. 여름 한낮 느닷없이 장대비라도 내리치면 자꾸만 엉덩이가 들썩여진다. 오는 비 흠뻑 맞으며 단골 선술집으로 냅다 뛰어가 '막걸리 한잔 주소'라고 하면 필시 그 집 주모가 호들갑을 떨며 반겨줄 것만 같아서다. 그렇게 한 잔 가득 부어놓고 아스팔트 위로 활강하는 비와 비가 주는 풍경들을 물끄러미 바라보다 보면 어느새 마음도 막걸리처럼 후덕해진다. 팍팍하던 일상이 술에 물 탄 듯 순해지고 물러지는 것이다. 그런 날은 비를 핑계 삼아 날궂이 술꾼들이 모여들기 마련이다. 어릴 적 시골에서도 비 오는 날이면 동네사람들이 모여 날궂이 술추렴을 했다. 아낙들은 나물 비빔밥에 전을 부치고 남정네들은 논물을 보던 발로 마루에 걸터앉아 막걸리 잔을 돌렸다. 그때 마을의 대소사나 미루었던 일들도 의논하고, 섭섭했거나 오해했던 일도 푼다. 비와 술의 여흥 때문인지 대화도 술처럼 술술 잘 풀린다. 그래서 막걸리는 단절된 마음을 여는 소통의 음식으로서도 유효하다.

젊었을 때 나는 막걸리는 어른들이 마시는 술쯤으로 치부했다. 스무 살 무렵엔 1,000cc 생맥주 잔을 호기스럽게 들었다. 왠지 그래야 멋있을 것만 같았다. 30대 때는 소주로 주종을 바꾸었다. 퇴근길 눈발이라도 흩날리면 바바리코트 깃을 세우고 포장마차를 찾곤 했다. 투명한 소주잔에 가끔 고독과 연민, 분노를 희석시켜서 마시곤 했다. 우리네 인생처럼 소주는 쓰고 달았다. 아마 그때가 인생의 단맛과 쓴맛을 조금

알아가는 나이였던 것 같다. 달사하고 쓴 맛에 흠뻑 취하던 시기였다.

내가 막걸리 예찬론자가 된 것은 주말농장을 하고부터다. 여름 땡볕에서 잡초를 뽑고 호미질을 하다 보면 목이 말랐다. 맥주나 소주보다 시원한 막걸리 한 잔이 간절했다. 아버지 생각이 났다. 일하시다가 새참으로 한 잔, 점심 드시면서 갓 따온 홍초를 된장에 쿡 찍어서 또 한 잔, 그때는 잘 이해되지 않았다. 내가 직접 농사를 지어보니 알 것 같다. 막걸리는 노동과 밀접한 관련이 있다. 흠뻑 땀을 흘리고 나면 몸이 먼저 막걸리를 부르는 것이다. 그래서 예로부터 막걸리를 농주農酒라고 하지 않았는가. 막걸리는 농주로 마실 때 제대로 진가가 발휘된다. 농주는 상생, 협동 등의 다의적 해석이 가능하다. 군 시절 참호를 파고 진지구축을 할 때 중대장 몰래 동료들과 수통에 숨겨온 막걸리를 따라 먹던 맛은 또 어떤가. 한 잔 쭉 들이키고 고추장에 갓 캐온 산더덕을 찍어 먹던 그 쌉쌀한 맛을 지금도 잊을 수 없다. 예전에는 지붕을 이는 날이나 마을길을 넓힐 때면 이웃사람들과 협동했고 그럴 때면 반드시 막걸리 말술이 배달된다. 일이 끝나면 마당에 빙 둘러서서 지짐이나 돼지고기를 구워놓고 흔쾌한 마음으로 막걸리 잔을 나눈다. 그러고 보면 오늘 동료들과 나누는 막걸리 역시 농주農酒의 반열에 올려도 무방할 것 같다.

영치기영차, 동료들과 협심해서 돌을 캐내고 구덩이를 판다. 갓 복토한 땅이라 맷돌만 한 돌들이 만만찮게 나온다. 장마에 대비해 쇠스랑으로 북을 높게 돋우고 나무를 심는다. 그 많던 나무들이 어느새 열병식을 하듯이 내 앞에 반듯하게 도열해 있다. 마음이 뿌듯하다. 얼른 주먹만 한 과실들이 주렁주렁 열렸으면 좋겠다. 어느새 미루나무 뒤로 해가 기운다. 모두들 목이 컬컬한지 농막 쪽으로 눈길들이 자주 간다. 오늘 같은 날 뒤풀이가 없어서야 되겠는가.

'자, 오늘 일은 여기까지, 삽과 괭이를 어깨에 메고 농막으로 행진!'

오늘 뒤풀이 안주는 홍어무침이다. 일몰을 배경으로 노천탁자에 걸터앉아 알싸한 홍어무침에 막걸리 한잔 하다 보면 뭉친 근육도 풀리고 하루의 고단함도 풀리지 않겠는가. 자주옷고름 풀어헤치고 술잔 속으로 잎잎이 순절해오는 '목련아씨'에게 입맞추다 보면 초로初老의 봄밤도 달콤하지 않겠는가. 이 또한 막걸리가 주는 일락一樂 아니겠는가.

『에세이문학』 2021. 여름호

마지막 벌초 세대

"아부지 어무이 놀라지 마이소. 이발 시작합니더!"

붕붕, 예초기를 돌린다. 한낮의 졸음에 빠져 있던 산마을이 화들짝 놀란다. 장탄식으로 울던 앞산 장끼도 뚝, 소리를 멈춘다. 어머니는 모처럼 찾아온 자식들이 반가운지 풀잎 치맛자락을 들썩이며 허공으로 흰 풀씨들을 자꾸자꾸 날린다. 그새 쑥새풀, 엉겅퀴, 박주가리, 싸리꽃, 참 많이도 키워놓으셨다. 이렇게 잡초라도 부지런히 키워놓아야 그나마 일 년에 한 번이라도 자식들을 볼 수 있다는 어머니의 그 속내일까. 봉분 앞에는 어머니 생전에 좋아하시던 보라구절초가 구월 소슬바람에 흔들린다. 몇 해 전에 심은 산수유 박티꽃도 가지치기를 해주고 쓰지 않는 CD로 예쁜 명찰을 달아준다. 멀리서 보니 이발한 자리가 훤하다.

아버지 무덤은 군데군데 버짐자국 같은 흉터가 나 있다. 멧돼지들이 파헤친 곳을 작년 한식 때 메운 자리다. 잔디를 이식했지만 잘 아물지 못한 듯하다. 흉터자리를 보노라니 피식, 웃음이 난다. 하필이면 상처 난 자리가 무덤 뒤꽁무니 쪽이라니, 생전에 아버지는 거동이 불편해서 이발소 가실 형편이 못 되었다. 부득이 이발 기계를 사다가 손수 이발을 해드렸다. 그런데 머리 뒤쪽이 문제였다. 뒤쪽에 작은 혹 한 개가 불룩 나와 있어서 그 부분이 너무 많이 깎여 늘 상처처럼 도드라져 보였다. 도무지 내 실력으론 무리였다. 아이들은 할아버지 주위를 빙빙 돌며 웃음보를 터트렸지만 다행히 뒤쪽이라 아버지는 모르는 눈치였다. 저 무덤의 상처 난 자리가 생전의 아버지 이발 후의 모습 같다. 슬쩍 죄송한 마음이 든다.

"니가 장손이니 내 죽은 뒤에는 산소는 니가 관리해라."

땀을 식히고 있는데 소나무 아래 엉거주춤 앉아 있던 작은아버지가 한 말씀 하신다. 토를 달려다가 그만두었다. 병약하신 팔순 노인에게 괜히 마음을 불편하게 해드리고 싶지 않았다. 또 토를 달아본들 무슨 의미가 있겠는가. 작은아버지가 이승을 관장할 일도 아니지 않은가. 죽음 후는 다 산자의 몫일진대.

작은아버지는 풍습을 지키는 일에는 고집불통이셨다. 작은어머니의 이장을 온 식구들이 반대했지만 수맥이 잡히고 개발이 염려된다는 이유로 기어이 이장을 결행하셨다. '처음 육신이 내려앉은 곳이 천년의 안식처 아니던가. 이미 백골이 되어 지수화풍으로 돌아가는 중일진대 그깟 뼛조각 몇 개 수습해서 다른 곳에 꽃단장을 해본들 무슨 의미가 있을까.' 이런 말씀을 완곡하게 드렸지만 별 소용이 없었다. 작은아버지는 개발이 범접할 수 없는 높은 산에 쌍봉을 올리고 당신 가묘假墓까지 만들고 나서야 흡족해하셨다. 생전에 부부금실이 좋았으니 그렇게라도 애정을 표현하고 싶었을 것이다. 한 여인을 위해 궁전무덤을 축조한 저 유명한 '타지마할'에 비길 바는 못 되지만 생전에 못다 한 정을 기리는 모습은 별반 다르지 않을 성싶다.

새파랗던 땡감이 가을볕에 연지 볼을 붉힌다. 번성하던 마을은 폐촌이 되고 겨우 두세 가구만이 허물어진 세월을 붙들고 명맥을 유지하고 있다. 논두렁 끝에 우람한 느티나무가 보인다. 연분홍 치맛자락 펄럭이며 그네를 타던 어머니도, 설탕막걸리 한 사발에 고래고래 설운 울음 토해내던 점촌당숙모도 어느새 산으로 거처를 옮겼다. 어머니는 사촌동서 간 봉긋봉긋 다시 산중일가를 이루며 한 세월 또 푸르게 사신다. 아직은 찾아오는 자식들이 있어 봉분은 두텁고 잔디들은 파릇하다.

'장차 저 산소를 어쩌지?' 불현듯 산소의 앞날이 걱정된다. 부모를 모신 마지막 세대이자 자식 공양을 받지 못하는 첫 세대가 베이비부머세대라고 한다. 역시 내가 벌초의 마지막 세대가 되지 않을까 싶다. 나는 탯줄이 묻힌 고향이고 부모님과 산 정情이 애틋해서 사는 날까지는 벌초를 오겠지만 아이들이 천리 길을 달려 증조부모님 벌초를 하러 오리란 확신이 서지 않는다. 조상이나 산소에 대한 생각이 나와 같지 않을 테고 또 그런 숙제를 아이들에게 남겨서는 안 될 것 같다.

　삼십 년 나는 동안 한 해도 거르지 않고 한식과 벌초를 다녀왔다. 애틋하게 절명하신 어머니 때문인지도 모른다. 생전에 불효한 죄 갚음이라고 해도 무방하겠다. 살아 계실 때 인절미 한 조각이라도 당신 입에 넣어주지 못한 것을, 잡초를 뽑듯이 해마다 성근 후회들을 뽑아내었다. 살아오면서 나는 산소에서 참 많은 위안을 얻었다. 어머니는 한 해도 거르지 않고 당신 발치에 제비꽃, 진달래 꽃지짐 한상 가득 차려놓고 늦철 든 장남을 반기셨다. 땀을 흘리며 꽃나무를 심고 잡풀을 캐다보면 달그락달그락, 무덤 속 어머니의 전언(傳言)이 들리는 것만 같다. 봄볕에 자주 앓던 관절소리, 나박김치 씹던 틀니소리도 들린다. 그럴 때면 나는 산수유나무 아래 앉아서 어머니 말씀을 또박또박 받아 적곤 한다.

　당신 누운 발치에/올해도 산수유꽃 피었습니다/노란 수다가 쟁글쟁글 가지마다 벙글었습니다/곤줄박이 한 마리/보풀한 꽃숭어리에 앉아 금분을 찍습니다.
　환한 꽃가지 한 구절/어쩌면 당신 알뜰한 소식일까/어느새 입 안 가득 노란 물이 배어옵니다/저렇게 또 가을까지 붉어지면/참하고 영근 말씀 몇 됫박은 얻을 수 있겠습니다
　애련애련/옛 생각 한 자락/오늘도 당신 발치에 앉아 저물고 있습니다/어린 바람 다독여 맨 먼저 보내온/당신의 꽃 편지를 읽습니다
　　　　　　　　　　　　　　　　　　　「산수유 편지」 전문

어머니가 불러주신 노란 쪽지편지 한 구절 받아들고 산소를 내려올 때면 발걸음이 한결 가벼워진다. 삶의 격랑에 떠밀릴 때 그나마 기댈 수 있는 곳이 나의 경우 어머니 산소였다. 그러고 보면 어머니는 한 평 무덤마저도 자식에게 내어준 셈이다.

사람들은 죽음을 '돌아가셨다'고 말한다. 한 인간이 생의 여정을 마치고 '있던 곳으로 돌아간다'는 뜻이리라. 있던 곳은 땅이고 하늘이다. 육신은 자연으로 회귀하고 영혼은 하늘로 돌아간다. 그래서 영혼의 오름을 천도나 귀천으로 상징했다. 불가에서는 49재라는 전이기轉移期를 두어 망자의 극락왕생을 소원한다. 유가에서도 49재를 치루며 영靈을 중시했지만 육신에 대한 예도 엄격하고 극진했다. 효를 근간으로 한 매장풍습이 선대先代까지 불문율처럼 확고했다. 시체를 새의 먹이로 내어주는 히말라야 부족들의 조장풍습은 석삼년 시묘侍墓살이까지 마다하지 않던 우리의 매장풍습에 비교해볼 때 놀랍다. '생전에 짐승들 덕분에 몸을 부지했으니 사후에는 짐승들에게 이 몸을 돌려준다'는 자연합일의 선지자들이었던 것일까. 아니면 사람이 죽으면 동물과 하등 다를 바 없다는 유물론적 가치관을 일찍감치 체득한 것일까. 육신을 중시하는 우리의 지엄한 매장풍습에 견주어볼 때 자유로운 영혼을 가진 부족들임에 틀림이 없는 것 같다.

완고하던 매장풍습도 쇠퇴해간다. 화장이 대세이고 숲이나 잔디에 산골散骨하는 장례방식들도 많이 선호한다. 시대는 변했고 사람들은 합리란 명분을 앞세워 속속 편리성에 동승한다. '어험' 하며 '온고지신溫故知新'을 들먹이면 구태나 '꼰대' 소리를 듣기 십상이다. 어쩌겠는가. 씁쓸하지만 받아들여야 하지 않겠는가. 순류처럼, 그렇게 부모님 산소도 흙이 되고 숲이 되고 마침내 고요한 풍진에 들 것이다.

'작은아버지, 아이들에게 묵뫼를 물려줄 수는 없습니다. 죽기 전에 제 손으로 평장平葬을 해서 자연으로 귀속시킬랍니다. 죄송합니다.'

속말을 삼키며 돌아서는데, 산수유나무가 살랑살랑 고개를 흔든다.

'글쎄, 그때 가봐야 알지.'

『에세이문학』 2020. 겨울호
『The수필』 2022 빛나는 수필가 60 선정작

탑골애상

한낮의 더위도 저물어간다. 노인들은 삼삼오오 나무그늘에 앉아서 장기를 두거나 신문사설을 필사하거나, 모두가 무료한 듯 무료하지 않은 시간을 보내느라 여념이 없다. 탑골공원이 노인들의 집단거류지가 된 지는 꽤 오래된 듯하다. 탑골뿐만 아니라 종로통 일대가 거대한 은빛 군단의 점령지가 된 느낌이다. 한때 종로를 주름잡던 젊은이들이 신촌이나 강남으로 떠나면서 자연스레 세대교체가 이루어진 셈이다.

탑골 주변에는 노인들을 대상으로 한 독특한 문화와 상권이 형성되어 있다. 만 원 한 장이면 이발·염색을 할 수 있고 두셋이서 국밥을 먹을 수 있는 장마당이 성시를 이룬다. 실버극장과 잔술집이 번성하고 즉석 노래잔치도 열린다. 여기서도 빈부의 격차는 극명하게 갈린다. 대다수의 노인들은 순대나 김치를 안주 삼아 잔술을 나누지만 어떤 노인들은 말끔한 삼베 양장차림으로 호젓한 식당에서 수육과 동동주를 시켜놓고 호탕하게 폼을 잡기도 한다. 그러나 그 호탕함 속에는 어쩔 수 없는 '외로움'이 짙게 묻어 있다. 곤궁하고 적적한 노년의 삶, 탑골 노인들은 나라 잃은 디아스포라들처럼 후미진 변방에서 잉여세월을 유랑하고 있는 듯하다.

"집에만 있으면 며느리 눈치가 보이지 않겠나. 그니까 돈 몇천 원 쥐고 다 일루 모이는 기라"라는 인터뷰기사를 읽은 적이 있다. 이곳 노인들의 원적原籍은 대다수가 농어촌이 아닌가 싶다. 개발시대에 상경열차를 타거나 혹은 자식들을 따라 도시로 이주해온 사람들이 대부분이리라. 논마지기를 팔아 보따리 같은 자식들을 짊어지고 각박한 삶을 행군하다 보니 정작 자신들을 위한 노후는 뒷전이었을 것이다. 돌아보니 몸은 이미 늙었고 자식들은 훌쩍 컸고 가장이란 권위는 바스락거리는 가랑잎처럼 쇠락해져갔으리라. 변변한 둥지 하나 없이 짐짝처럼 방 윗목에서 소일하자니 어찌 갑갑하고 울컥, 설운 생각이 들지 않겠는가. 또 고착된 가치관으로 세상을 판단하니 자식들과 소통인들 잘되겠는가. 그러한 궁핍과 단절감에서 오는 극심한 외로움이 노인들을 탑골공원으로 불러들이지 않았을까. 탑골에는 적어도 동류의식이 살아 있고 그 시대의 가치가 공유되는 곳이기에 그나마 위안이 됐을 터이다.

공원입구에 대형태극기가 펄럭인다. 세태를 비판하는 선무방송과 함께 'OOO 석방!' 피켓을 들고 목청을 돋운다. 단체를 이끄는 노인의 날선 결기가 어지간한 젊은이들 못지않다. 삶이 화이부동和而不同쪽으로 흐르지 못했던가. 아니면 딱딱하게 굳어버린 오래된 신념 때문일까. 저 나이쯤이면 만면에 미소를 띠는 자적自適의 여유가 생길 법도 하건만 아직 목소리는 분기탱천하다. 전쟁, 가난의 시대를 살아온 경험이 저리 각별했으니, 저 단호한 말씀에 누가 감히 토를 달겠는가. 더욱이 평생 신봉하던 정신적 토대마저 촛불민심에 무너졌으니 거기서 오는 심리적 좌절감은 오죽하겠는가. 한때는 나라의 기둥이자 가족의 중심이었던 그들이 오천 원짜리 머리를 깎으며, 자존심도 명예도 함께 싹둑 잘리면서 몇천 원 푼돈으로 거리의 요기를 해야 하니 그 상실감은 또 어떨까. 나랏돈이 노인들의 곤궁한 삶 속으로 고루고루 젖어들기를 고대하지만, 마음 한 곳이 불편해오는 것은 무엇 때문일까. 우리 눈이 두 개인 것은 좌우를 두루 살펴보라는 뜻일진대, 혹 저 노인들은 한쪽 눈만 선명한 외눈박이 사랑을 하고 있는 것은 아닐까.

생전의 아버지도 저 노인들과 같은 시대를 건너오셨다. 아버지는 자식들과 생각이 다르면 '흠흠' 헛기침 정도의 표현을 하셨지만 속내는 저 노인들과 별반 다르지 않았으리라. 아버지는 상처하시고 자식들을 따라 서울로 오셔서 근 이십 년을 무료하게 살다 가셨다. 지금 생각하니 나 역시 불효자식이었음이 틀림없다. 맏이라는 무게가 버거울 때면 과거의 기억으로만 사시는 당신의 무능을 탓했고 그래서 아버지를 이해하는 데 인색했던 것 같다. 한번은 아버지가 고향에 고구마를 사러가야겠다고 하셨다. 나는 대뜸 '차비도 안 나오는 고구마를 그 먼데까지 왜 사러가시냐'고 퉁명스럽게 대답했다. 지금 생각하니 후회가 막심하다. 그렇게라도 고향을 한번 다녀오고 싶은 아버지의 속내를 그땐 미처 헤아리지 못했던 것이다. 낡은 명심보감이나 들척이며 방 윗목을 지키자니 한없이 적적했을 아버지, 그래서 아버지는 늘 "그때가 좋았지"라는 말씀을 입에 달고 사셨다.

아버지의 그때는 언제이고 좋았던 것은 또 무엇일까. 아마 아버지의 그때는 장딴지 푸르던 젊은 시절이 아니었을까. 충효의 가치관이 서릿발처럼 엄하던 시절, 그때는 아버지 말씀이라면 어떤 토도 달지 못했다. 위계와 법도가 분명하던 시절이었다. 명절이면 종반의 아랫대들이 집집마다 세배를 가고 어른의 말씀 한마디가 법이 되던 그 시절이 아버지는 좋았던 것이리라. 새마을운동과 산업화가 일어나던 시기였으니 모두가 '잘 살아보세'란 구호 하나로 마을과 세대가 결속하여 초가를 슬레이트로 바꾸고 마을길을 넓혔다. 먼 경상도 산골의 촌부가 어찌 유신이나 인권을 짐작이나 했겠는가. 그저 땡감이나 송기를 깎아먹던 전쟁 때가 너무나 애절하여 그나마 밥술이라도 뜨는 시절이 오니 얼마나 고맙고 다행스런 일인가.

그때의 지휘자는 당연히 그 시대의 대통령이었고 주역은 아버지세대들이었다. 그래서 가난을 탈출시킨 지휘자와 그 시대를 함께 살아온 아버지는 동궤에 있었던 것이리라. 그런 동일체의식이 고착단계를 넘어 신념화되었고, 그래서 그 시대의 지휘자가 부정되면 곧 아버지 자신도 부정되는 것이리라. 이런 고정관념들이 개인과 여성인권이 중시되는 자식세대의 가치관과 충돌하면서 아버지 역시 씁쓸하셨던 것이리라. 아버지는 가난했지만 부모를 공경하던 그 시절이 좋았고 충과 효를 최고의 미덕으로 삼던 그 시절의 지휘자가 좋았던 것이다. 그래서 아버지의 "그때가 좋았지"라는 말씀은 짙은 회귀의식과 함께 자식에 대한 서운한 감정을 에둘러 표현한 것인지도 모른다. 지금 퇴락한 이념의 극지에서 태극기를 흔들고 있는 저 노인들의 심리적 기저에는 그러한 아버지의 "그때가 좋았지"라는 감정이 내포되어 있는지도 모르겠다.

　은발의 노신사가 아코디언을 연주한다. 단골출연자라도 되는 듯 연주하는 폼이 꽤 능란하다. 노인들이 노래의 선율을 따라 삼삼오오 모여든다. 황혼을 배경으로 한바탕 즉석 춤판이 벌어진다. 할아버지들은 새우깡과 막소주를 돌리며 앉은뱅이춤을 추고 할머니들은 엉덩이를 흔들며 손뼉춤을 춘다. 삶이 고단해도 감추어둔 흥 한 자락씩은 간직하고 있었던 모양이다. 정치적 색채가 없으니 노는 결도 부드럽게 넘어간다. 한도 미움도 이 순간만은 아라리가락이다. 모두가 덩실덩실 웃음꽃을 피운다. 고달픈 인생길 굽이굽이 넘어온 은빛 잔상들이 서녘노을에 그려진다. 배고픈 시대를 넘어온, 배고픈 내 입에 뜨신 밥알을 넣어주시던 부모님의 얼굴과 겹쳐진다. 일정한 거리를 두고 서있던 내 발등도 차츰 흥으로 달싹인다. 이렇게 아버지와 아들, 할아버지와 손자들이 한 발짝씩 좁혀졌으면 좋겠다. '전쟁도 부모도 모르는 젊은 것들'과 '과거에 고착된 고집불통의 늙은이들'이 한바탕 어우러져 춤추는 날이 왔으면 좋겠다. 실버광장이 실버그린광장으로 거듭났으면 좋겠다. 언젠가 나도 늙고, 저 노인들이 걸어간 길이 나의 길이 되기 때문이다.

『에세이문학』 2020. 가을호

두부야 미안해

코로나19로 세상이 흉흉하다. 딱히 갈 만한 곳도 없고 해서 주말농장을 찾았다. 굼실굼실 부풀어 오르는 흙을 보면 절로 호미가 잡고 싶어진다. 아홉 평 채마밭에 나를 격리시킨다. 봄 햇살을 타고 고물고물 일어서는 생명들이 경이롭다. 이랑을 만들고 열무씨앗을 묻는데 아까부터 한 무리의 개들이 나를 보고 서있다. 개구쟁이들처럼 무리지어 밭두렁을 쏘다니다가 다시 원점으로 돌아오곤 한다. 생긴 모양들이 모두가 다르다. 복실이도 있고 껑충이도 있고 푸들이도 있고 발바리도 있다. 모두가 집 잃은 고아들처럼 몰골들이 꾀죄죄하다. 아마 주인 잃은 유기견遺棄犬들이지 싶다. 줄지어 달리는 모양새를 보니 나름의 영역과 서열도 있는 듯하다. 한 놈이 달리면 따라서 달리고, 한 놈이 멈추면 따라서 멈춘다. 그새 야성을 찾았는지 눈매들이 날카롭다. 말이라도 붙이려고 손을 내밀면 으르렁거리며 경계신호를 보낸다.

한때는 누군가의 집에서 반려견이라는 이름으로 애지중지 사랑을 받고 자랐을 개들이 지금은 거리의 천사로 전락했다. 종묘나 탑골공원 주변에도 밤이면 고양이나 개들이 무리지어 나타난다는 뉴스를 본 적이 있다. 자신을 버리고 떠나는 주인의 자동차를 쫓아서 필사적으로 고속도로를 달려가던 어느 반려견의 영상도 떠오른다. 동물학대뉴스도 심심찮게 흘러나온다. 버려진 개들은 저희들끼리 세를 불리고 군집을 이루며 거리를 떠돈다. 정착지를 찾아 산과 들을 유랑한다. 돌아갈 집도 반겨줄 주인도 없건만 그래도 따뜻했던 한 시절이 그리운지 가끔 퀭한 눈동자를 껌뻑이며 허공을 바라본다. 왠지 짠한 생각이 든다. 저 유랑견流浪犬들은 지금 무슨 생각을 하고 있는 것일까.

나는 이때까지 개를 길러본 적이 없다. 어릴 적 시골집 마당을 지키던 누렁이가 개에 대한 기억의 전부다. 그나마 누렁이도 건성으로 지나쳤다. 그 누렁이가 행방불명되었을 때 막내가 며칠을 울었다. 유독 막내가 정붙이던 개였으니 그럴 법도 하다. 그처럼 개에 대한 일견이 없으니 자연히 나는 시대적 추세를 따라가지 못한다. 그래서인지 '반려견 호텔', '반려견 장례식장', '반려견 추모공원' 등이 성업을 이룬다는 뉴스들이 선뜻 이해가 되지 않는다. 거기다가 좌욕을 시키고 사골을 달여 먹이고 관절에 좋다는 고가의 약을 구입해서 먹인다니 동의될 리가 없다. '그 돈 있으면 독거노인들이나 돕지.' 하는 냉소적인 생각이 먼저 들었다. 어쩌다 조카들이 반려견을 데리고 와서 "엄마다, 콩이야 이리 온!" 하며 애정세례를 퍼부을 때면 나는 그런 행동이 영 못마땅하다. '그래도 그렇지, 개보고 엄마라니.' 조카들에게 퉁을 주면 조카들은 외삼촌은 구닥다리라며 입을 샐쭉거린다. 그래서 가끔 '꼰대' 소릴 듣는지도 모른다.

나와 친한 지인 K도 개를 키운다. 반려견이라고 하기엔 덩치가 좀 큰 믹스견이다. 말 그대로 잡종 개다. 몇 해 전 영주 오일장을 다녀오다 난전에 풀어놓은 강아지가 하도 귀여워서 오천 원을 주고 샀다고 했다. 말하자면 즉흥구매를 한 셈이다. 아이들이 자라면서 집안이 좀 적적했던 모양이다. 두부처럼 희다고 이름도 '두부'로 지었단다. 두부는 아이들의 극진한 영접을 받으며 도시의 입주견이 되었다. 그런데 수놈이라는 것이 문제였다. 발정기가 되니 연신 으르렁거리고 욕구불만으로 소파를 물어뜯고 거실을 엉망으로 만들었다. 아파트 주민들에게도 미안했고 딸들의 정서에도 좋지 않았다. K는 아내와 의논 끝에 예천에 있는 어느 암자에 두부를 맡겼다. 아이들이 한바탕 울고불고 난리가 났다. '저러다가 괜찮아지겠지.' 했는데 그게 아니었다. 두부가 떠난 후 집안은 적막강산이 되었다. 부부는 부부대로 아이들은 아이들대로 집안이 집단우울증에 빠졌다. 매일 밤 두부가 눈에 밟히는 것이다. 비로소 후회가 밀려왔다. K 부부는 고민 끝에 두부를 다시 데려오기로 결심하고 예천 암자를 찾아갔다. 그런데 암자에는 두부가 없었다. 노스님께 여쭈어보니, "아 글쎄, 그놈이 곡기를 끊고 며칠을 짖더니만 줄을 끊고 흔적도 없이 사라졌니더. 예천 비행장 소리에 놀랐는지 내사 잘 몰시더······."

만시지탄, 너무 늦었다. K는 고민 끝에 현수막을 달기로 했다. 동네 전신주에 두부를 찾는다는 현수막을 걸어놓고 수원으로 올라왔다. 그러나 일주일이 지나도 두부의 소식은 없었다. 체념이 깊어질 즈음 연락이 왔다. 산 밑을 어슬렁거리는 개가 두부 같더란다. K는 즉시 회사에 연차를 내고 예천으로 달려갔다. 도착하니 이미 땅거미가 질 무렵이었다. K는 밭둑에 서있는 희끄무레한 물체를 보고 반신반의하며 '두부야!' 하고 불러보았다. 개는 멀뚱거리기만 할 뿐 그대로 서 있었다. "털이 시커먼걸 보니 두부가 아닌 모양입니다." K가 실망하며 돌아서려는 순간 개가 쏜살같이 달려와 K의 품에 안기는 게 아닌가. 풍찬노숙으로 털이 꼬질꼬질해지긴 했지만 두부가 분명했다. 그새 많이 야위었다. K의 아내가 두부를 와락 끌어안고 "두부야 미안해, 잘못했어. 두부야 미안해!"를 연발하며 볼을 부비고 한바탕 울음판을 벌였다. 이산가족 상봉장면과 다를 바 없었다. 두부가 옛 주인을 한눈에 알아보는 것이 여간 기특하지가 않았다. K는 두부를 데려와서 목욕을 시키고 간식을 주며 부산을 떨었다. 금세 집안 분위기는 밝아졌다. 두부는 거세去勢라는 굴욕을 당했지만 쫓겨난 기억 때문인지 매사에 순둥이처럼 고분해졌다.

나는 K의 '웃픈' 두부 상봉기를 들으며 공감의 박수를 보냈다. 그나마 도리를 다한 듯싶어 다행이다. 그런데 거리를 유랑하고 있는 저 많은 유기견들은 어떻게 설명될 수 있을까? '감탄고토甘呑苦吐'란 성어가 저 유기견들을 두고 한 말이 아닌가도 싶다. 반려伴侶란 동반자를 의미한다. 그래서 우리는 배우자를 가리켜 종종 반려자로 부르기도 한다. 반려견 역시 그렇다. 개에게 살붙이 이상의 감정을 부여하고 상호 교감한다. 가족의 일원으로 승격시켜서 평생 희로애락을 함께한다. 반면 애완견은 말 그대로 놀다가 버려도 되는 노리개쯤으로 생각한다. 주체가 대상으로 강등되는 일방의 사랑법이다. K 역시 처음에는 두부를 버려도 되는 애완견 정도로 대수롭지 않게 생각했으리라. 그러나 떠난 뒤에 비로소 두부가 가족구성원들과 유기적으로 연결된 생명체였음을 깨달았던 것이리라. 두부는 이미 K의 가족에게는 반려견이었던 셈이다. 가족들 간의 서먹한 관계를 복원시켜주고 날마다 웃음과 이야깃거리를 제공하던 두부, 두부 때문에 K의 가족은 행복했던 것이리라.

개들이 밭둑 어귀로 사라진다. 오늘은 어느 산 밑에서 바람찬 노숙을 할까. 인간이 버린 이기심들이 무리지어 거리를 유랑하고 있는 것 같아 마음이 쓸쓸해진다. 정붙이기보다는 정 떼기가 더 어려운 것이 인지상정일진대 어찌 키우던 반려견을 매몰차게 버리는 것일까. 늙고 병들어 효용가치가 떨어졌다고 살붙이 가족을 내다 버리는 것과 무엇이 다를까. 전생의 업연業緣이 윤회 고리 속에서 오고 간다는 불가의 이치로 생각해보면 더욱 그런 생각이 든다. 책임지지 못할 일이라면 함부로 인연을 맺어서는 안 될 일이다. 행복은 받은 만큼 돌려주어야 한다.

　K의 집에는 아직 두부가 산다. 사람의 나이로 치면 중년이 되었다. 눈치가 9단이란다. 주인의 표정을 살피는 폼이 이제는 안분지족安分知足의 이치까지 터득한 모양이다. 언젠가 나도 마당 있는 집으로 이사를 가면 튼실한 백구 정도는 노우老友 삼아 정붙여볼 생각이다.

『금강에세이』 2020. 6월호

불임의 계절

　채마밭을 일구다가 하늘을 본다. 영영 봄은 오지 않을 것 같다. 꽃도 열매를 맺지 못하고 닭도 더는 알을 낳지 않을 것 같다. 새들도 땅을 떠나 삼삼오오 나뭇가지에 앉아서 수상한 계절을 수군거린다. 해토 흙을 부풀리던 땅강아지도 어디론가 종적을 감췄다. 병원마다 방호복으로 중무장한 우주인들이 거총자세로 체온계를 겨눈다. 검색대의 열감지기가 불안하게 흔들린다. 사람들은 어제 같지 않는 거리를 '나 홀로' 걸어간다. 저마다 흰 복면으로 무장한 채 사람과의 거리를 유지한다. 병아리처럼 조잘거리던 아이들 소리도 끊겼다. 홍대나 신촌거리에서 벚꽃처럼 팡팡 터지던 젊은이들의 웃음소리도 사라졌다. 비행기는 뜨지 않고 공터는 적막하고 꽃들은 심심하다. 이 세상에 없는 계절이 왔다.

아내는 출근하는 아들에게 '사람 조심' 하라는 당부를 잊지 않는다. 사람들과 친화력 있게 지내라는 오래된 전언을 며칠 전부터 바꾸었다. 인간은 사회적동물이란 선자의 금언이 '사회적 거리두기'로 전면 재수정되었다. '뭉치면 죽고 흩어지면 산다!' 코로나19가 우리에게 준 슬픈 역설이다. 회사식당에도 칸막이를 설치했다. 동료들은 벽바라기를 하며 혼자 밥을 먹는다. 혼자서 생각하고 혼자서 티브이를 보고 혼자서 걷는다. 이상한 풍경이다. 나 역시 목하 독거연습 중이다. 강제된 묵언수행이 잘될 리가 없다. '나 홀로 집'에서 거실을 서성이다 보면 발화되지 못한 말들이 비듬처럼 떨어진다. 묵은 기억들이 똬리를 튼다. 봉인해둔 가려움증이 도진다.

기습적으로 밀어닥쳐온 잉여시간이 당혹스럽다. 친지들에게 안부 전화를 걸어보지만 목소리들이 예전 같지가 않다. 대구에 사시는 이모는 "야들아, 육이오 전쟁 때보다 더하다. 이게 무슨 난리고!" 하시며 한숨을 토해낸다. 한숨 끝에는 아이들 걱정, 나라 걱정이 후렴구처럼 달려 나온다. 팔순을 바라보는 이모가 나라 걱정을 하신다. 집이란 섬에 갇힌 채 베란다로 내려다보는 세상은 활동사진처럼 고요하다. 일상에서 격리되다 보니 매사에 무기력하다. 코로나 증후군일까. 책도 글도 눈에 들어오지 않는다. 누군가의 가족이 매일매일 죽어가는 이 시절에 책을 읽고 글을 쓴다는 것은 예의가 아닌 것 같다. '코로나19'란 전대미문의 불청객을 모른 체할 수가 없기 때문이다. 자영업자는 자영업자대로 직장인은 직장인대로 생활 곳곳이 아프고 쓰리다. 경제적 외상증후군은 참 오래갈 듯하다.

지구 저 너머에는 우울한 죽음의 랩소디가 끊이지 않는다. 도로를 가득 메운 운구행렬, 고향으로 돌아가려고 아우성치는 인도의 귀향행렬, 격리조치를 따르지 않는 자에게 사살명령을 내리는 필리핀의 지도자, 의료체계의 붕괴, 시신대란, 이런 섬뜩한 문구들이 뉴스화면을 가득 채운다. 영화의 한 장면이 현실 속에서 재연된다. "오늘 엄마가 돌아가셨다. 아니 어쩌면 어제인지도 모르겠다." 알베르 카뮈의 『이방인』의 첫 구절이다. 전개되는 내용은 다르지만 이 구절만 똑 떼어놓고 보면 그럴지도 모르겠다. 오늘은 어머니의 장례를 치르고 내일은 누이의 장례를 치르고 죽음이 일상이 되어 슬픔도 무덤덤해지는 저 참혹한 죽음의 매너리즘, 지금 이탈리아나 스페인에서는 그런 계절을 맞이하고 있는지도 모른다. 그것이 두렵고 슬프다.

인류의 보편적 정의와 연대를 강조하던 각국의 지도자들도 속속 나라의 빗장을 걸어 잠근다. 바이러스는 인종도 국경도 없지만 그것을 대하는 인간들의 편견은 여전하다. 각자도생 적자생존이란 본능에 열중하느라 초기에 많은 시간을 허비했다. 글로벌리즘이 바이러스 앞에선 치명적인 오류가 되었다. 황갈색 뚜껑머리를 한 육척 장신의 미국대통령도 당황한 기색이 역력하다. '유에스에이 넘버 원'을 자랑하던 글로벌 리더, 그 이면에 숨겨진 미국공공의료체계의 민낯이 속속 드러난다.

가공할 군사, 경제력으로 주변국들을 쥐락펴락하던 그도 바이러스 앞에서는 속수무책이다. 어쩌겠는가. 바이러스를 상대로 패트리어트를 쏠 수도 없으니, 인간을 상대로 한 싸움에서는 강한 면모를 보여주던 그도 한낱 먼지의 반열에도 오를 수 없는 바이러스 앞에서는 얼마나 미약한 존재였던가. 대용량의 뇌를 가졌지만 한없이 약한 생명체, 그것이 인간이 가진 숙명이자 한계가 아닐까.

올봄엔 황사소식이 뜸하다. 인도에서는 수십 년 만에 눈 덮인 히말라야가 보인다는 소식이다. 뉴스에서는 '지구 일시 멈춤' 현상이라고 추론한다. 문명을 걷어내면 자연이 보인다는 것일까? 동의하고 싶은 추론이다. 과학의 발달은 시공간을 단축한다. 인간의 발길이 닿지 않는 것이 없다. 얼마 전 중국의 황룡동굴을 다녀온 적이 있다. 사람들은 탄성을 지르고 나는 천장을 바라보았다. '그 많던 박쥐들은 다 어디로 갔을까.' 수억 년 동안 동굴에서 기생하던 박쥐들이 보이지 않았다. 박쥐들은 소란한 동굴을 벗어나 인간세계로 날아갔을지도 모른다. 그들은 돼지나 소에 기생하고 인간들은 그 가축을 먹는다. 어느 학자의 지적처럼 결국 먹이사슬이 문제였을까. 마침 박쥐가 바이러스의 숙주로 지목된다 하니 그런 생각이 든다. 인간과 동물의 경계가 모호해지던 황룡동굴, 혹 그 지점 어디쯤에서 코로나19가 공격신호를 보내지는 않았을까. 매일매일 넘치는 잉여음식들을 먹고 마시던 나의 입, 동물의 영역을 분별없이 침범하던 나의 발, 자연과의 공존의 지혜를 잃어버린 나의 마음, 이런 이기적 삶의 습성들이 저 미증유의 바이러스를 초대한 것은 아닌지?

거리엔 〈벚꽃엔딩〉이 흐른다. 다시는 꽃 피우는 사월은 오지 않을 것처럼 노랫말이 사뭇 애절하다. 꽃도 사람도 홀로 피고 지는, 지금은 불임不姙의 계절이다. 만남이 죄가 되는 시절이다. 노천탁자에 앉아서 팝콘을 터트리며 웃고 떠들던, 그 사소했던 일상들이 그리워지는 계절이다. 관계의 소중함을 돌아보는 시간이다. "폭풍은 사라지고 인류는 살아남겠지만 우리는 다른 세상에서 살게 될 것이다"라고 했던 어느 역사학자의 말이 아프게 다가온다. 정말 그런 날이 올지도 모르겠다. 그래도 희망을 믿고 싶다. 면면히 이어져온 인간의 역사를 믿고 싶다. 나는 그 희망을 동아시아의 작은 나라 대한민국에서 보았다.

땀에 젖은 의료진과 자원봉사자들, 마스크 기부천사들과 달빛도시락, 진단키드 연구진과 정책조율사들, 기부릴레이를 펼쳐준 기업과 국민들, 이런 이름들 하나하나가 역사이고 희망이다. 제발 내년 봄에 놀러오라며 유채꽃밭을 갈아엎는 농민의 마음은 차라리 눈물겹다. 미운 청개구리들도 있지만 다수의 국민들은 무논의 맹꽁이들처럼 한목소리로 화답한다. 모두가 힘든 시절이다. 그러나 긴 불임의 계절이 지나가고 나면 다시 봄은 올 것이다. 그때를 위해 만남도 그리움도 잠시 유예해두기로 하자. 내일의 즐거움으로 저축해두기로 하자.

산 빛이 곱다. 올해는 '송홧가루 날리는 외딴 봉오리 윤사월 해 길겠다.' 이 글이 나갈 때쯤엔 시의성時宜性을 잃은 과거형이 되었으면 좋겠다. 코로나 실종소식을 고대한다.

『에세이문학』 2020. 여름호

개나리꽃 단상

　개나리꽃 분분히 지던 날, 나는 아내의 손을 잡고 남행열차를 탔습니다. 수백송이의 노란 개나리꽃들이 까닭 없이 이울었다는 소식을 진즉에 접하고도 나는 이때껏 팽목항에 가보지 못했습니다. 그 음울한 바다를 목도하며 한 방울의 눈물, 한 마디의 비통도 보태주지 못했던 게지요. 세 번의 봄이 가는 동안 나는 반쯤 감은 눈으로 짐짓 진실 쪽을 기웃거리거나 몇 마디의 설익은 말로 밀린 죄를 쓸어내곤 했습니다.
　"목포 신항으로 갑시다."
　"세월호! 거 징하게 아프긴 하요잉, 근디 인자 고만 보내야 쓰것소만!"
　나는 택시기사의 말에 마른기침을 삼키며 창밖을 응시하고 있었습니다. 평일이라서 그런지 신항으로 가는 도로는 한산했습니다. 바다는 긴 수평선 위에 화물선 몇 척을 펼쳐놓고 오후의 졸음에 빠져 있었습니다. 멀리 녹슨 세월호가 봄 햇살을 받으며 비스듬히 누워 있네요. '저걸 어찌 보나' 아내의 탄식에 발걸음이 느려지고 가슴이 답답해져왔습니다. 나는 옷깃을 여미며 담벼락을 따라 걸었습니다. 노란 리본들이 봄바람에 속절없이 나부끼고 있었습니다. 수천수만 송이의 개나리꽃들이 가는 봄을 애면글면 붙들고 있었던 게지요. 열여덟 해맑은 아이들이 금방이라도 노란 커튼을 밀치며 나에게 말을 걸어올 것만 같았습니다. 아이들이 슬픔도 세월도 잊은 채 노란 수다들을 자꾸만 허공으로 풀어내던 어느 늦은 봄날이었습니다.

개나리꽃은 흔하디흔한 꽃입니다. 젖은 땅 마른땅 가리지 않고 어디든 발 디딘 곳이 제집이고 제 살터입니다. 꺾이고 밟혀도 저희들끼리 어깨동무를 하고 강인한 삶을 뿌리내립니다. 이웃들과 격의 없이 울타리를 내주며 도담도담 봄을 피워 올리는 게지요. 목련 장미가 잠깐 왔다 가는 꽃이라면 개나리꽃은 가장 먼저 피고 가장 늦게 집니다. 너무 흔하고 사소해서 무심히 지나치기도 하지만 사실 개나리꽃만큼 오랫동안 봄을 지키는 꽃도 드뭅니다. 사람들의 이목이 목련의 우아함과 장미의 화려함에 쏠릴 때 개나리꽃은 늦봄을 고적하게 지키다가 찔레꽃에게 그 자리를 넘겨주고 무대 뒤로 조용히 사라집니다.

"연분홍 치마가 봄바람에 휘날리더라……." 어머니가 생전에 즐겨 부르던 노래랍니다. 이 노래를 흥얼거리다 보면 진달래, 개나리꽃이 생각나고 어머니의 곡절 많은 전생이 떠오릅니다. 목련, 장미가 귀족의 꽃이라면 개나리나 진달래, 찔레꽃은 여인네들의 곡진한 정한을 담고 있는 서민들의 꽃이기 때문입니다. 개나리는 개살구, 개떡, 개망초, 개밥풀꽃 등, '개'씨 계보를 잇는 볼품없는 족속입니다. 어느 앵커가 표현했듯이 '개'라는 접두어가 붙는 순간 이미 본류에서 벗어난 변두리란 의미를 담고 있는 게지요. 보따리 같은 생들을 이고 상처와 가난의 땅을 넘어오던 이 땅의 민초民草들, 그 고달픈 인생살이가 노란 꽃잎에 오롯이 묻어 있습니다. 열여섯에 시집와서 노랑저고리 같은 봄을 이고 보릿고개를 넘어가던 어머니의 한숨인들 어찌 서려 있지 않았을까요. 개나리꽃은 어느 왕족의 가느다란 목처럼 고결하지도 않고 올림머리를 한 장미처럼 근엄하지도 않습니다. 애잔한 봄빛으로 와서 이웃들의 삶속으로 번집니다. 밟히면 밟히는 대로 꺾이면 꺾이는 대로 질긴 생명력으로 다시 일어섭니다. 토담벼락에 살붙이고 어우러져 함께 피는 모습이 우리네 민초들의 삶과 무척 닮았습니다.

단원고는 후미진 변두리에서 피어난 개나리꽃들이 아니었을까요. 화려한 향기의 중심으로 들어가본 적이 없는, 변두리 삶들이 옹기종기 모여서 피워 올린 소박한 꽃들이었던 게지요. 그래서 죽은 자나 산 자나 저리 '징'하게 짓밟히고 업신여김 당한 것이 아니었을까요. 그들에겐 '왜?'라는 최초의 물음조차 허락되지 않았지요. 흔하디흔한 개망초,

개꽃, 개밥풀꽃들, 그 하찮은 족속들이 임금의 응답을 요구했으니 이런 불경죄가 또 어디 있었을까요. 하여 사가史家들은 푸른 커튼 뒤에서 불온한 사초들을 모의했고, 어전의 첨병들은 그 수상한 사초들을 활자로 윤색해서 날마다 파발로 전송했지요. 어느새 '흔하고 사소한 죽음'이 되어 우리 곁에 돌아온 아이들, 그 노란 넋들을 붙들고 유족들은 차디찬 길바닥에서 몇 번을 까무러졌을까요.

네루-간디는 백성의 눈물을 닦아주는 것이 정치가가 할 일이라고 했습니다. 유족들의 눈물을 닦아주었나요. 카톡을 하며 재잘거리다가 문득 죽음을 맞이한 그 아이들의 절규에 응답했나요. 아, 지난겨울 그분의 눈물을 잠깐 보긴 했습니다. 절절한 눈물이었던 것 같습니다만, 그러나 그 눈물이 마음에 걸리네요. 호리병에 담아 보관했다는 네로황제의 눈물이 연상되는 것은 무슨 연유일까요. "날마다 조금씩 살점을 도려내고 송곳으로 뼈를 긁는 심정"이라는 부모들의 고통을 그분은 아셨을까요. 혹여 가시眞實를 삼킨 장미의 눈물은 아니었는지요. 잘 모르겠습니다만 사족蛇足 없는 그날의 승정원일기가 궁금해질 뿐입니다.

세월호가 차츰 멀어지고 있습니다. 그동안 참 많은 일들이 있었고 우리는 너무 많은 말을 해왔습니다. 나도 이쯤에서 그만 묵언하는 것이 좋을지도 모르겠습니다. 택시기사의 말처럼 세상일은 세상에 맡기고 그 아이들을 그만 보내줘야 할 때인지도 모릅니다. 그렇게 돌아서면 어느새 아이들이 부릅니다. 내 아이의 눈빛을 닮은 그 아이들이 부릅니다.

"엄마, 너무 캄캄해요. 나가고 싶어요."

까맣게 타들어간 손톱으로 꼭꼭 눌러 쓴, 어쩌면 유서遺書 같은 그 노란 글귀들이 자꾸만 봄빛에 글썽이고 있습니다.

"세상은 강자가 약해져서 바뀌는 것이 아니라 약자가 강해져야 바뀌어요." 세 번의 봄이 가는 동안 유족들이 길바닥에서 쓴 결론이었지요. 단지 자식을 잃었을 뿐인데 그들은 어느새 거리의 전사가 되어 있네요. 하루하루 소박한 삶을 꿈꾸던 그들이 매일매일 죽고 있었네요. 죽을힘을 다해 살고 있네요. 그러나 천 번의 봄이 오고 만 번의 꽃이 피고 진들 그 아이들이 살아올 수 있을까요?

'아이들아! 지금 우리가 강해지려는 것은 너희들이 살다간 세상으로 다시 너희 같은 너희들이 살아가야 하기 때문이란다. 캄캄한 벽을 긁던 너희들의 절망에 세상이 응답할 때, 웅크린 거짓이 돌올하게 드러날 때, 그때 너희들은 죽어서도 사는 것이란다. 없어도 있는 것이란다. 비로소 별빛이 되는 것이란다. 한꺼번에 다 바뀔 수는 없지만 그 착한 세상을 위해서 엄마아빠는 조금씩 아주 조금씩 지금 희망 쪽으로 전진 중이란다. 그때까지 봄이 가도 목포는 사계절 꽃 피는 봄이란다. 밟히고 짓눌려도 결국 봄을 지배하는 꽃은 개나리꽃이 아니냐……'

겪어보지 못한 사람이 겪는 자의 마음을 헤아려보던 어느 늦은 봄날이었습니다.

『현대수필』 2018. 봄호

그들의 소망
〈언론매체에 대한 인권관점의 비평〉

　노숙자 문제가 요즘 들어 언론에 자주 오르내리고 있다. 이유는 얼마 전 서울역에서 노숙자들에 대한 강제퇴거조치를 단행했기 때문이다. 이 조치를 하기까지 서울역에서도 나름대로의 많은 고민이 있었을 것으로 짐작이 된다.
　노숙자 문제와 관련하여 사회의 반응은 크게 두 가지로 갈리는 것 같다. 하나는 '인권'의 차원에서 보는 의견이고, 다른 하나는 욕설과 폭력 등으로부터 시민들이 보호받고 쾌적하게 살 수 있는 '권리'도 중요하다는 입장이다. 결국 노숙자의 인권만큼이나 시민의 권리도 중요하다는 것이고 나 역시 동의한다. 그러나 노숙자 문제를 다루는 일부 언론의 태도는 실망스럽다. 시민의 권리를 내세워 그들의 모습을 다소 냉소적인 관점으로 희화화한다는 느낌을 받았기 때문이다. 더욱 큰 문제점은 노숙자의 인권과 시민의 권리를 동등한 가치로 설정해놓고 편 가르기 식으로 보도한다는 느낌이다. 두 가지 예를 들어보면,

"노숙인의 생존권vs시민의 편의, 어느 한 쪽의 편만 들어줄 수 없는 어려운 문제" 〈모 공중파 방송의 노숙인 관련 뉴스 오프닝멘트〉

"노숙자의 인권에 침해된 시민의 권리"
〈모 일간지의 체험르포 형식으로 올린 기사 제목〉

위의 예시를 유추해보면 한 언론은 노숙자와 시민 중에 어느 편을 들어줄 수도 없어 안타깝다는 입장인 것 같고, 또 다른 언론은 노숙자의 인권과 일반시민의 권리를 동일선상에 놓고 기사를 다루고 있다는 것을 알 수 있다. 르포의 소제목 역시 "구걸로 안 되면 위협에 시비까지 걸어", "이 생활 맛들이면 여기 못 떠난다", "구걸에도 노하우가 있다" 등의 문구와 현장사진을 배치해서 노숙자들을 희화화하며 단순한 골칫거리 정도로 보도하고 있다는 느낌이다. 인터뷰 내용 역시, "매일 아침 술 취한 노숙자들과 몸싸움을 벌이고", "이곳 상인들 치고 전두환 대통령이 그립다는 말을 안 하는 이가 없어요" 등의 반응을 여과 없이 실어 마치 노숙자들을 군홧발로 싹쓸이라도 해야 한다는 생각을 불러

일으키고 있다.

　나 역시 과도한 온정주의는 경계한다. 어쩌면 인권 이전에 그들의 범법 행위를 먼저 물어야 한다는 것도 틀린 말은 아니다. 아침부터 웃통을 벗어던지고 술판을 벌이는 곳, 지나가는 행인을 쿡쿡 찔러 위해를 가하며 담배나 돈을 구걸하는 진풍경이 벌어지는 곳, 역무원과 공익요원들이 일진일퇴를 거듭하며 쫓고 쫓기는 지루한 소모전이 반복되는 곳, 이곳이 수도의 관문 서울역의 24시이기 때문이다. 서울역이 그렇게 사회의 무관심 속에 방치된 채 차츰 노숙자들에 의해 황폐화되어왔던 것도 사실이다. 그러나 이런 부정적인 이미지가 노숙자들의 전부는 아니라고 생각한다.

　노숙자들을 생각하면 나는 언제나 떠오르는 기억 하나가 있다. 지난 겨울 교보문고 지하계단에 잠들어 있던 어느 모녀상의 실루엣이다. 여자는 누덕가슴을 풀어놓고 혼곤한 잠에 빠져 있었다. 아이는 여자의 가슴에 코를 박고 젖을 빨며 잠든 엄마를 보채고 있었다. 누군가의 손길이 없으면 아마 저 모녀는 저렇게 침침한 지하 동굴 속에서 어느 유목민의 화석처럼 서서히 순장될 것 같다는 상상이 들었다.

　날은 찬데……. 겨우 얇은 지폐 한 장을 놓아두고 돌아오던 발걸음이 한없이 무거웠다. 그래도 나라님이 계시고 국가가 있는데 적절한 구호책은 정말 없는 것일까? 생명은 누구나 소중한데 같은 국민으로서 이 시대를 살아간다는 것이 무척 미안한 밤이었다. 어쩌면 그녀도 감꽃처럼 환한 날도 있었을 것이다. 머리에 나비 핀을 꽂고 책가방을 딸랑거리며 누군가의 소중한 딸로 햇살 고운 언덕을 넘어가던 시절도 있었을 것이다.

세상이라는 강에는 다양한 사람들이 살고 있다. 미꾸리처럼 처신이 빠른 사람도 있고 꾸구리처럼 천성이 느리고 어부렁해서 거적 잠을 자는 사람들도 있다. 강자가 있으면 약자도 있기 마련이다. 잘난 사람이 있으면 못난 사람도 있다. 세상이란 그런 사람들이 어우렁더우렁 모여 산다. 아니 살아가야 한다. 이유는 같은 사람이기 때문이다. 그래서 인권이 있고 인권은 약자의 편이어야 하지 않을까?

그런 시각에서 나는 언론을 생각해본다. 금번 노숙자 문제와 관련하여 언론은 어떤 태도를 취해야 옳았을까? 노숙자의 인권과 시민의 편익이 단순히 '편들기' 정도의 문제로 구분될 일일까? 일부 부랑 노숙자들의 행태를 노숙자 전체의 문제로 왜곡하지는 않았는가? 혹시 시민여론에 편승해서 노숙자들의 절박한 현실을 외면하지는 않았는가? 인권과 시민권이 충돌할 때 언론은 어떤 선택을 해야 할까?

노숙자들은 모두가 상처 입은 영혼들이다. 살아온 환경이나 풍토는 다르지만 하나같이 실패라는 종착역에 모여든 생의 낙오자들이다. 노숙자의 수만큼이나 실패한 사연도 다르고 살아가는 방법도 다르다. 세상을 향해 적개심과 분노를 표출하며 평생을 부랑의 세월로 탕진하는 노숙자들도 있고, 어쩌다가 인생의 혹한기를 맞아 삶의 바닥으로 미끄러진 선량한 노숙자들도 있다. 어떤 사람은 재활의 시간이 필요하고 어떤 사람은 누군가의 손길만 있으면 금방 일어설 수 있는 재기의 의지가 있다. 일어서려는 노숙자들에게까지 뭉뚱그려 사회 부적격자라는 낙인을 찍으며 냉혹한 잣대를 들이댈 필요가 있을까? 어쩌면 그들도 한때는 우리들의 이웃이었지 않은가.

그런 측면에서 언론은 노숙자 문제를 좀 더 진지하게 다루었어야 했다. 다수의 선량한 노숙자들의 말 없는 눈빛도 헤아렸어야 했다. 인간 존엄의 보편적 가치에 무게를 더 실어주었어야 했다. 인권과 권리가 동일선상에 놓일 때, 한쪽의 권리가 다른 한쪽의 생명을 짓밟을 수도 있다는 점을 지적했어야 했다. 또 노숙자 퇴거 이후의 문제점에 대해 심층적으로 추적하고 정부와 국민에게 올바른 방향을 제시하는 것이 맞지 않을까? 그것이 언론의 공공적 소명이 아닐까? 그래서 언론을 양심의 보루이자 세상의 더듬이라고 하지 않았던가. 언론이 사회의 어두운 곳을 좀 더 따뜻한 시선으로 비추었으면 좋겠다.

당국의 대책도 좀 더 분석적이고 다양해져야 할 것이다. 진단이 정확해야 올바른 처방이 나올 수 있기 때문이다. 재활의지가 있는 다수의 선량한 순수노숙자들을 자생노숙자들과 분리 대응할 필요가 있다. 그것은 노숙자에 의해 노숙자가 확대재생산 되는 고리를 끊는 길이기도 하다.

자생노숙자들에게도 새로운 방식의 쉼터를 제공할 필요가 있다. 새로운 방식이란 결국 제 발로 스스로 찾아가는 쉼터를 말한다. 물리적 강압으로 뭉뚱그려 포대에 담는 식으론 어렵다. 결국 일시적 분산과 장기적 재집결이라는 악순환만 되풀이되기 때문이다. 그러기 위해서는 특단의 대책이 필요하다. 예산과 제도적 시스템이 필요하다. 사회적 온정이 필요하다. 게으름을 전제로 한 개인의 문제로 돌려서는 곤란하다. 그들 역시 우리 국민이고, 또 실업문제, 빈부의 양극화 등 제반 사회현상의 일차적 희생자들일 수도 있기 때문이다.

'하늘은 스스로 돕는 자를 돕는다'고 했다. 이 밤도 거적에 누워 별을 보며 내일을 꿈꾸는 자, 내일의 희망을 믿는 자, 그들이 '스스로를 돕는 자'들이리라. '그들의 소망'은 일시적 시혜가 아니라 이 세상을 함께 살아가는 것이다. 어느 쪽방에서 따뜻한 밥 한 그릇 먹고, 그 밥으로 다시 일어설 수만 있다면 우리는 그들의 소망에 응답해야 한다. 그것이 진정한 인권이고 국격이 아닐까?

2011. 국가인권위 인권작품공모전 우수상 수상작

꾸구리와 미꾸리

 산행을 마치고 개울가에 자리를 잡았다. 아내와 김밥을 먹으며 모처럼 탁족의 여유를 즐기고 있는데 피라미들이 발가락을 톡톡 친다. 가만히 보니 고기들이 꽤 많이 보였다. 슬금슬금 천렵 본능이 도졌다. 어릴 적에는 농사일을 거들다가 아버지 몰래 미꾸리처럼 밭고랑을 살살 기어 냅다 개울가로 달아나곤 했다. 돌을 들추며 반두로 고기 잡는 일이 그 시절엔 큰 즐거움이었다. 여러 사람들이 울력으로 하는 들치기나 훌치기도 있었으나 나는 주로 반두를 이용해서 고기를 잡는 정적인 방법을 선호했다. 물이랑이 거칠어질까 조용조용 돌을 들추며 고기들의 동태를 살피며 도주로를 예상하고 추적하는 일은 요즘 아이들의 서바이벌게임 이상의 스릴이 있었다. 덕분에 물고기들의 습성도 어느 정도 파악할 수 있었다.

피라미들은 주로 은빛 살을 반짝이며 깊은 소沼 부근을 떼로 몰려다 니며 제 우쭐한 맛에 산다. 꺽지는 한 길 물속 바위 옆에 빠짝 붙어서 정중동 좌선하는 맛으로 살고 버들치나 붕어는 휘늘어진 물 버들 늪지 부근에서 유유자적 은거하는 맛으로 산다. 미꾸리나 꾸구리 같은 잡어들은 주로 얕은 여울목 부근에서 재잘거리며 수다 떠는 맛으로 살고 텅고리는 얕은 여울에 살기는 하나 다른 어종들과는 좀체 동거하지 않는 독불장군의 기질이 있다. 주로 물살이 센 넓적바위 밑에서 자기만의 비밀요새를 지어놓고 거기서 알을 낳으며 독립생활을 한다. 수염 부근에 날카로운 독침까지 달고 있어서 방어본능 또한 만만치 않다.

미꾸리는 말 그대로 매끄럽고 빠르다. 좀체 잡을 수 없는 약삭빠른 어종이다. 어디로 뛸지 튀어봐야 아는 놈이다. 내 포획전략을 번번이 비웃기라도 하듯이 반두를 잘도 빠져나간다. 표피마저 매끄러우니 어쩌다가 잡아본들 고기 통에 넣다가 놓치는 경우도 다반사다. 그런가 하면 꾸구리는 생긴 모양새만큼이나 둔하고 느리다. 일시에 쏜살같이 달아나는 법이 없다. 반둣대로 주둥이를 툭툭 건드려 유인하면 기꺼이 '잡혀주지 뭐' 하는 식으로 포도씨만 한 눈알을 껌벅거리면서 느럭느럭 반두 속으로 들어온다. 어쩌다 놓쳐도 느리고 굼떠서 십중팔구는 다시 잡힌다. 더러 변색으로 능청을 떨기도 하지만 그 정도 위장술로는 내 포획망을 빠져나갈 순 없다. 거기에다 표피까지 껄끄러우니 잘만 하면

맨손으로도 잡을 수 있는, 정말 어부렁한 놈이다.

우리 집에도 꾸구리와 미꾸리가 있다. 생긴 모양새나 성격으로 보아 첫째가 꾸구리라면 둘째 녀석은 영락없는 미꾸다. 첫째가 느리고 고집스럽고 순진하다면 둘째는 빠르고 타협적이고 계산적이다. 첫째가 어물쩍 손해를 보는 쪽이라면 둘째는 언제나 제 몫을 먼저 챙기고 베푸는 쪽이다. 어쩌다가 명절날 삼촌들이 용돈이라도 주면 둘째가 불쑥 형에게 오천 원을 더 준다. 첫째는 어리둥절한 눈빛으로 고맙게 받는데 둘째는 이미 계산 끝났다는 듯이 씩 웃는다. 둘째의 계산법은 공평하기는 하나 제 몫은 이미 챙겨놓고 남는 돈으로 형에게 생색을 내는 식이다. 싸울 때도 언제나 서럽게 울며 쏘개질하는 쪽은 둘째이고 나중에 자초지종을 들어보면 억울한 쪽은 첫째이다. 이런 개성들이 걱정도 되지만 그래도 첫째는 듬쑥해서 좋고 둘째는 살갑게 감기는 면이 있어서 좋다.

세상이라는 강에도 다양한 어종들이 살고 있다. 피라미처럼 떼로 몰려다니며 은빛 비늘을 반짝이며 수면을 자맥질하는 십대들의 발랄함도 있고, 버들치나 붕어처럼 외진 버들 늪지에서 은유자적하며 미래의 꿈을 열독하는 이십대의 열정도 있다. 그런가하면 텅고리처럼 일찌감치 자기만의 요새를 축조하고 세상의 순류에 아집의 침을 세우며 독불장군처럼 살아가는 사람도 있고, 해탈한 스님처럼 한 길 물속에 침잠해 자기만의 심안을 밝히는 꺽지 같은 사람도 있다. 그러나 강의 주류에는 언제나 미꾸리와 꾸구리가 있다.

　요즘 들어 직장에서도 효율성을 부쩍 중시한다. 성과란 이름으로 사람의 능력이 계량화되고 수치화된다. 능력은 언제나 앞서가는 자의 몫이다. 이런 분위기를 먼저 감지하는 쪽이 미꾸리족들이다. 이들은 매사에 논리적이며 미래지향적인 신세대들이다. 트위터를 하고 개인생활을 중시한다. 각종경제지표에 해박하고 회사에도 적극적이다. 당연히 직장에서 선호하는 어종이다. 반면에 이들에 쉽게 동화되지 못하고 슬금슬금 뒷걸음질 치는 어종이 있다. 주로 베이비부머세대들이다. 이들은 고비용 저효율의 상징으로 눈칫밥을 먹는다. 은퇴를 걱정하면서도 변화에는 둔감하다. 정보의 스펙트럼을 능동적으로 받아들이지 못한다. 아이들과의 밥상머리 대화에서도 종종 구식이란 소릴 듣는다. 스마트폰 사용에 둔감하고 신세대 언어에 거부감을 느낀다. 가끔 귀농을 생각하며 평안한 은자의 삶을 꿈꾸기도 한다. 이들이 꾸구리족들이다.

　미꾸리는 미래로 가는 길목에 있고 꾸구리는 과거로 가는 길목에 있다. 나는 지금 과거와 미래의 교차로에 어물쩍하게 서있다. 신호등이 켜지면 어디론가 무작정 떠밀려가야 될 것 같아 두렵다. 늘 새로운 것들에 당황해하면서도 또 쉽게 받아들이지도 못한다. 경쟁에 뒤처진다는 불안을 느끼면서도 지켜야 할 가치에 대해선 완고하다. 존재하는 것은 시간이 흐르면 낡기 마련이다. 열 사람이 함께 천천히 걸어가는 세상, 구식과 신식, 빠름과 느림이 조화롭게 흘러가는 세상이었으면 좋겠다. 아들과 아버지가 함께 걸어가는, 미꾸리도 살고 꾸구리도 살고 피라미도 사는 온고지신溫故知新의 정이 넘치는 세상이었으면 좋겠다.

  어릴 적 물고기를 잡던 시간은 느리게 흘러갔다. 뭉게구름과 미루나무와 꾸구리들이 어슬렁거리던 작은 개울, 그 적요한 한낮을 느리게 쉬어가던 아버지의 휘어진 등이 오늘따라 그립다.

『에세이문학』 2016. 가을호

양치기 개와 춤을

'담아, 뛰자!'

아침부터 개를 데리고 눈밭을 달린다. 달리다가 '멈춰!' 하면 개는 그 자리에 서서 내가 오기를 기다린다. 다시 뛰고 멈추기를 반복한다. 내가 따라잡기에는 역부족이다. 한바탕 뛰고 나면 눈밭에서 서로 부둥켜안고 뒹군다. '담아, 집에 가자'라고 말하면 개는 어김없이 트리플 악셀을 시도한다. 공중으로 점프해서 두어 바퀴 핑그르르 돈다. '집에 가자'라는 말이 춤추라는 명령어쯤으로 들리는가 보다. 하루에 서너 시간은 달려야 직성이 풀리는 양치기 견종이라서 그런지 운동량 부족을 그런 식으로 풀어내는가 싶다. 나는 이 광경이 좋아서 부러 '담아! 집에 가자'를 연발한다. 그러다가 나도 신이 나면 개 앞발을 잡고 함께 빙글빙글 춤을 춘다. '집에 가자, 컹컹, 빙글빙글, 집에 가자, 컹컹, 빙글빙글…….' 춤추다가 지치면 눈밭에 벌러덩 드러눕는다. 언제 보았던 하늘인가. 언제 벌러덩 드러누워 보았던가. 하늘이 시리도록 푸르다.

함박눈을 덮어쓴 회양목들이 아침 햇살에 후둑후둑, 눈발들을 털어낸다. 미루나무 우듬지 위로 까치들이 날아들고 로컬푸드 트럭이 시금치를 싣고 쿨렁쿨렁 농노 길을 빠져나간다. 앞집 농막에서는 아침부터 난로를 피우는지 연기가 소담스럽게 피어오른다. 세상은 무던하고 계절은 여전한데 나는 오도 가도 못하는 생의 낙오자처럼 겨울의 행간에 푹 빠진 채 낡은 전답들을 섭렵 중이다. 돌을 골라내고 하수관을 묻고 장작을 패고 개집을 만들고 개가 뜯어먹은 농막을 수리하고, 일상이 뻐꾸기시계처럼 돌아간다. 내가 좋아서 하는 일, 안 하면 그만인 일, 내 마음대로 하는 일이기에 몸은 힘들지만 마음은 즐겁다. 방임된 자유에 차츰 익숙해지는 시간이다.

서울역행 전동차가 출근객들을 빼곡하게 태우고 느리게 지나간다. 하루의 시작을 알리는 서곡처럼 간간이 관제기적을 울린다. 저 전동차의 종착지는 서울역일 테지만 궁극적인 행선지는 가족들의 입이 아닐까. 나 역시 그렇게 살아왔던 것 같다. 구두끈을 졸라매고 전사처럼 당당한 걸음으로 출근대열에 합류하던 때가 엊그제였다. 세월 이기는 장사 없다고 이제는 직장에서 한 발짝 물러나 있다. 임금피크기간에 접어들면서 시간이 많아졌다. 월급이 깎이고 깎인 만큼 근무시간도 줄었기 때문이다. 시절이 하 수상하니 딱히 갈 곳도 없다. 친구들이나 친지들을 만난 지도 오래되었다. 안 보면 더 보고 싶을 줄 알았는데 역시 사람이란 자주 만나야 더 정든다는 것도 목하 체험 중이다. 모두가 코로나 잠수함을 타고 깊은 해저로 실종되었다. 산도 바다도 이젠 낯설다.

어디로 갈까. 무엇을 할까. 퇴직 후의 잉여시간이 걱정되었다. 동료들은 자회사를 알아보기도 하고 새 사업을 설계하기도 한다. 나는 그러고 싶지 않았다. 산 입에 거미줄 치랴! 낙천적으로, 이제는 좀 헐렁하게 살고 싶었다. 궁리 끝에 지난가을 조그만 땅뙈기를 마련했다. 20년을 줄곧 셋방살이 주말농장을 했으니 이제는 대추나무 한 그루라도 내 땅에 심고 싶었다. 그렇게 지난가을 일산신도시 초입에 '민들레농장'이란 노란 명패 하나를 달았다. 어릴 적 담배고추농사가 싫어서 도망치듯 탈향脫鄕한 소년이 40년을 돌아 다시 흙으로 귀환한 것이다. 흙을 만지며 흙이 주는 생명들을 보듬으며 살고 싶었다. '땅'이라는 어감은 투기라는 부정적 의미가 내포되어 있기 마련이기에 나는 굳이 '흙'이라고 명명하고 싶다. '흙'에는 생명, 모태, 밥 등의 긍정의 의미가 담겨 있기 때문이다. "당신, 그 열성이면 책을 써도 몇 권은 썼겠네!"라는 아내의 핀잔을 들을 만큼 나는 지난한 시간 동안 흙을 대면했고 흙과 열애했다. 그래서 나에게 흙은 경제적 가치 그 이상이었다.

일상에서 한 발짝 물러서니 세상살이가 원경으로 보인다. 원 밖에 서니 내가 살아왔던 동그란 원 안이 보이는 것이다. 원 안의 삶이란 아파트 평수를 늘리거나 아이들 공부걱정을 하거나 안전한 직장생활 같은 것들이다. 동료들의 주식이나 부동산 갭 투자 같은 무용담을 쓴 소주에 타 마시며 허실허실 골목을 돌아오던 소심한 가장의 삶 같은 것들이다. 사각의 모퉁이에서 일하고 사각의 엘리베이터를 타고 사각의 집으로 사각사각 돌아가던 지리멸렬하면서도 엄중한 생계형 삶들이다. 그런 삶에서 나는 지금 부재중이다. 생계의 휴지기로 방출되니 사물들이 새롭게 보인다. 잊었던 하늘이 보이고 새들이 보이고 새똥 같은 밤하늘의 별들이 보인다. 작은아버지는 잘 계신지, 식당을 개업한 친구는 어떻게 되었는지, 수몰된다던 고향의 내성천은 건재한지, 잊고 살았던 세상의 안부들이 궁금해진다. 한갓진 밭둑에 앉으니 그런 생각들이 든다.

요즘은 농막 원주민들과 막걸리잔 기울이는 재미에 푹 빠져 산다. 화목난로를 피우고 난로 위에 양미리나 돼지고기를 굽고 막걸리 한 순배 돌리다 보면 어느새 십년지기 형님아우가 된다. 모두가 투박하고 거칠어도 마음의 품새는 넉넉하다. 로마에 가면 로마법을 따른다고, 나는 겉치레 수사와 품위를 버린 지 오래다. 소위 그들만의 '노가다 공용어'를 알아듣지 못해 난처할 때도 많았으나 차츰 익숙해져가고 있다. 난롯가에서는 웃는 얼굴들이지만 돌아가는 뒷모습은 늘 음지쪽으로 기우뚱거린다.

코로나 한파가 여기라고 비켜갔겠는가. 유치원생들 체험용 딸기농사를 하던 청년은 농협 빚 걱정에 시름이 깊고, 일찌감치 코로나 유탄으로 갈빗집을 접고 농사일로 전업한 배불뚝이 장 씨는 마땅한 거처가 없어 농막에 장기체류 중이다. 임플란트 하던 날 술을 마셔 한쪽 볼이 볼록 부어올랐는데도 '어흐' 하며 흰 이를 드러내며 웃던 사람은 폐기물 수거업자인 앞집 포클레인 아저씨다. 그 아저씨는 나의 초보농장 일에 많은 도움을 주었다. 포클레인으로 농장배수로를 뚫어주기도 하고 가끔 버리는 목재를 싣고 와서 난로연료로 쓰라며 농막에 내려주던 참 고마운 아저씨다. 집을 부수고 지어야 일거리가 많은데 요즘은 부수거나 개업하는 공사가 없다며 공치는 날이 많아 마누라 보기가 무섭단다. 일 년 벌어서 한 입(임플란트 값)에 다 털어 넣었다며 오늘도 폐기물 전화벨만 기다린다. 모두가 등짝에 시린 벼랑 하나씩 지고 힘겹게 겨울 강을 건너고 있는 사람들이다.

　개는 춤을 멈추고 사방을 멀뚱거린다. 개집을 양지쪽으로 옮기고 장작을 패고 마사 흙으로 주차장 평면을 고르고, 오늘 할 일들을 정리하며 일어서는데 앞집 포클레인 아저씨의 트럭이 쏜살같이 지나간다. '아하, 폐기물 수거 기별이 왔구나. 그럼 난로에 쓸 나무도 좀 실려 오겠네.' 나는 괜히 흐뭇해진다. 봄도 그렇게 왔으면 좋겠다. 트럭에 가득 실린 폐기물들이 저 아저씨에겐 꽃일 수도 있겠다. 아저씨 차에 꽃들이 가득가득 실려 온다는 것은 다시 세상이 우렁우렁 돌아간다는 신호일 수도 있겠다. '아, 그럼 올봄엔 선운사 동백을 보러 갈 수도 있겠구나. 오는 길엔 오리궁둥이 배도 타고 무창포 어디쯤에서 친구들과 모꼬지를 하며 살찐 주꾸미도 먹을 수 있겠구나.' 그런 봄이 오면 나는 이 팝나무 꽃처럼 닫힌 생을 봄 하늘로 팡팡 터트려보고 싶다. 삭제된 작년의 인생도 소급하고 싶다. 딸기밭 청년, 배불뚝이 장 씨, 포클레인 아저씨, 뼈 감자탕 아주머니, 저마다 가슴에 햇살 하나씩 꽂고 담장 아래 빙 둘러앉아 화전을 부치며 하하, 호호, 껄껄거리며 만화방창 웃음꽃을 피우는, 그런 봄을 성급하게 기대해본다. 그 찬란한 봄을 위해 나는 지금 개와 춤추기 운동 중이다. 지구가 기우뚱거리지 않게 조심조심, '담아! 집에 가자, 컹컹, 빙글빙글, 담아! 집에 가자, 컹컹, 빙글빙글······.'

『에세이문학』 2021. 봄호

발을 잊은 당신에게

언젠가 당신 고요히 수평에 드는 날, 욕망도 집착도 울음처럼 잦아드는 날, 그땐 신발을 벗을 수 있겠죠. 그때는 나도 바닥을 떠날 수 있을까요. 홀가분하게 날아오를 수 있을까요

가재, 꼬리를 내리다

 하루의 취기를 업고 집으로 돌아오는 밤은 허전하다. 현관문을 여니 취침 등만 켜져 있을 뿐 사방이 조용하다. 습관처럼 까치발을 들고 베란다로 간다. 가재가 궁금해서이다. 몇 해 전 천렵을 갔다가 튼실한 토종가재 한 마리를 잡아왔다. 마침 쓰던 어항이 있어 모래를 깔고 동글납작한 돌을 쌓아 가재 집을 만들어주었다. 가끔씩 물을 갈아주고 멸치 부스러기들을 주었을 뿐인데 용케도 잘 살고 있다. 그동안 키운 정 때문인지 이즈음엔 가재에 대한 애착이 컸다. 남몰래 가재와 교감하는 재미에 푹 빠져 있다.
 적막한 밤, 가만히 어항 속 가재를 응시한다. 저도 인기척을 느꼈는지 돌연 경계태세를 취한다. 웅크리고 있는 폼이 제법 도전적이다. '허,

이놈 봐라! 이 집에서 유일하게 관심을 가져주는 주인에게 감히 적의를 품다니.' 괘씸한 생각에 나무젓가락으로 가재 몸통을 툭, 건드렸다. 주춤 뒤로 물러서는가 싶더니 돌연 집게발을 앞세우고 전투태세를 취한다. 단단한 갑옷에 수염달린 투구와 집게 창, 거기다가 기세등등한 전갈꼬리까지 장착했으니 제법 무장武裝의 풍모를 갖춘 듯도 하다. '그래 이놈, 오늘은 사생결단을 내보자.' 나 역시 묘한 전투의식에 가재의 투구수염 쪽으로 다시 일격을 가했다. 어른 주무시는데 수염을 건드렸다고 격노한 것일까. 이놈이 죽자 살자 나무젓가락을 향해 달려든다. 가재와 나는 몇 합을 겨루며 일진일퇴를 거듭했다. '아하, 나무젓가락 뒤엔 나보다 덩치 큰 거인이 있었구나.' 가재가 퍼뜩 전세의 불리함을 알아챘는지 슬금슬금 뒷걸음질을 친다. 꼬리를 돌돌 말고 돌 틈 속으로 퇴각한다. 집게발과 투구수염만 빼꼼히 내놓고 암중모색 적진을 살피고 있는 듯하다. 한때 강바닥을 휘젓고 다니던 물의 제왕이 저렇게 옹색한 돌집에서 독거노인처럼 수염을 늘어뜨리고 물 밖을 응시하는 신세라니, 그나마 아직 자존심 하나는 꼬장꼬장해서 좁쌀만 한 눈으로 나를 째려보는 폼이 가당찮기도 하지만 한편으론 측은지심의 정이 느껴진다.

나도 그런 한때가 있었다. 가재처럼 세상의 강바닥을 휘젓고 다니던 시절이 있었다. '젊다는 한밑천'으로 날선 집게 창과 투구 뿔을 앞세우고 겁 없이 세상을 종횡무진했다. 핏발선 눈동자, 노동자의 손으로 머리띠를 묶기도 했고 격류를 자청해 험난한 파도에 휩쓸리기도 했다. 무엇이든 원하면 잡을 수 있을 것 같았고 실행이나 반응속도도 빨랐다. 생각이 바로 행동으로 옮겨지던 시절이었다. 이런 행동들이 가끔은 성과로 돌아오기도 했다. 그럴 때면 주위사람들에게 거 보란 듯이 뿔을 우쭐대거나 허명의 꼬리를 탱탱하게 부풀렸다. 내 거침없는 직진관성은 아내에게도 적용되었다. 가정사에 있어서도 대화나 협의가 끼어들 여지가 없었다. 오직 믿고 따라오라는 식의 일방통행이 있었을 뿐이다. 아내는 답답했지만 언제 튀어나올지 모를 내 뿔의 위력이 염려스러워 슬그머니 꼬리를 내렸다. 그런 짐작을 가능케 하는 일화 하나가 있다. 내 스마트폰에는 가족 닉네임이 '벌'의 이름들로 저장되어 있다. 이를테면 큰놈은 꿀벌1, 작은놈은 꿀벌2, 아내는 여왕벌이다. 아이들은 부모의 꿀만 빨아먹는다고 해서 꿀벌로 칭했고 여왕벌은 맏며느리로서 홀시아버지를 모셔온 공로를 인정해주는 뜻에서 여왕으로 승격시켜주었다. 그리고 나는 일만 하는 '일벌'이라고 아내에게 반 농담을 했다. 아내는 대뜸 실눈을 홀기며 "여왕벌은 무슨? 물동이나 나르는 당신 집안 무수리지, 그리고 당신 일벌 아니거든, 느닷없이 쏘아대서 사람에게 상처주는 말벌이거든."

별로 할 말이 없어 빙긋이 웃으며 베란다로 나가던, 그 대화도 꽤 오랜 시간이 흐른 듯하다. 뿔이나 독침이 아직 내 안에 있기나 한 것일까. 쏘아대든 들이받든 그것은 아직 젊다는 것이다. 꿈과 열정이 충만

하다는 뜻이리라. 세찬 물살을 가르며 격랑을 거슬러 오르던 가재는 어디로 갔을까. 문득 머리를 쓰다듬으니 어느새 뿔은 뭉개지고 희끗한 세월만 한 움큼 집힌다. 빛나던 집게 창도 투구 뿔도 세속의 물속에서 탈각된 지 오래다. '꼬리를 흔들던가, 아니면 내리던가'. 아이들이 나에게 아버지란 명찰을 달아주면서부터 터득한 생존법이다. 쉽게 타협하고 어물쩍 물러서던 세월에 이제는 꼬리가 반쯤 잘려나간 느낌이다. 그래선지 골목을 돌아설 때면 자주 등 뒤가 허전해진다.

 요즘 들어 일상이 쓸쓸하다. '쓸쓸'이라는 자모가 쓸쓸하다는 의미와 참 잘 어울린다는 생각도 요즘에야 하게 된다. 어쩌면 퇴직증후군일지도 모르겠다. 물 밖의 세상은 어떠할까. 긴 세월 한 우물만 팠는데 막상 먹던 물을 떠난다니 우물 밖 세상이 두렵고 불안하다. 만기출소가 결정되니 외려 불안해하더란 어느 장기수의 심정이 이해될 법도 하다. 나 역시 출옥할 날만을 손꼽아 기다려왔지만 막상 '나이'라는 저울에 달려 하방된다고 생각하니 자꾸만 뒤돌아보게 된다. 어디를 가든 이젠 자유다. 말릴 사람도 탓할 사람도 없다. 그러나 허락된 자유가 외려 낯설다. 어쩌면 나도 저 가재처럼 침침한 방바닥을 어슬렁거리며 물 밖의 세상을 응시하는 날이 올지도 모른다. 독거노인처럼 바람 빠진 꼬리를 내리고 신상점괘나 보는 쓸쓸한 잉여의 시간이 올지도 모르겠다.

 베란다에 서니 달빛이 서늘하다. 빨래들이 가지런히 널려 있다. 올망졸망 키 재기를 하던 아이들의 바지가 어느새 훌쩍 자랐다. 저 바지들도 머잖아 제 둥지를 찾아 떠날 것이다. 어쩌면 나의 한때처럼 설익은 투구 뿔을 앞세우고 험한 격류를 거슬러 오를지도 모른다. 가장이란 명찰을 달고 발등 부르트도록 탁발의 길을 걸어야 할지도 모른다. 걷다가 발이 아프고 뿔이 뭉긋해진 나이쯤에 오늘처럼 쪽배 같았던 인생 한 편을 돌아보게 될지도 모른다.

사방이 쥐 죽은 듯이 고요하다. 내 당당한 퇴근길에 '야들아, 아빠 오셨다'고 달뜬 목소리로 응대하던 아내도, 손에 들린 통닭을 보며 '우와! 아빠다'라며 내복바람으로 우당탕 튀어나오던 아이들도 이제는 보이지 않는다. 저마다 침묵의 벽 하나씩 쌓아올리며 살아가는 '조용한 가족'이 되었다. 세월 탓이려니 해도 마음 한편으론 허전하다. 누군가 인생은 성냥불 한 개 긋는 순간이라고 했는데. 그런가도 싶다. 당당한 퇴근길의 발걸음이 까치발이 되기까지의 시간은 그리 길지 않았다.

아내는 단잠에 빠져 있다. 아내의 잠을 방해하는 것은 예의가 아니다. 축 처진 꼬리를 흔들며 아내의 가슴에 뭉개진 뿔을 들이대봐야 통通하지 않을 게 뻔하다. 언제부터인가 아내의 말에 순둥이처럼 고분해졌다. 지금까지는 남자로 살아왔지만 이제는 남편으로 살아가야 할 것 같다. 무뚝뚝한 아들 둘을 보니 왠지 그래야만 할 것 같다. 빛나던 투구 뿔도 기세등등하던 꼬리도 아내의 입맛 손맛에 벗겨지고 뭉개지고 버무려진 지 오래다.

어항 속의 가재도 취침중이다. 동병상련, 저 신세가 내 신세 같다. 세찬 물살을 떠나 폐강을 거슬러 오르는 늙은 가재 한 마리, 꼬리를 내리고 조용히 아내 옆에 눕는다. 단잠을 방해할까 꼬리를 돌돌 말고 납작 엎드린다. 아내의 잠이 물속처럼 고요하다.

『수필오디세이』 2020. 가을호
『The수필』 2021 빛나는 수필가 60 선정작

아내의 그림

　노인 병동은 적막했다. 핏기 없는 시침에 붙박여 천장을 응시하는 눈빛들은 무료하고 공허하다. 인체를 장악한 호스들이 몇 눈금밖에 남지 않은 생들을 가파르게 펌프질하고 있다. 가족들도 처음엔 자주 찾아오다가도 시간이 지나면 뜸해진다. 긴 병에 효자 없다는 말이 이곳처럼 명료하게 드러나는 곳도 없으리라. 치매를 앓는 노인들이라면 더욱 그렇다. 생의 기억들이 소진된 자리에 가족들의 살가운 감정이 들어설 틈이 없다. 어쩌다가 툭 튀어나오는 생뚱한 단어에 한바탕 폭소를 터트리기도 하지만 그뿐, 이내 병실은 공허한 침묵만 흐른다. 그나마 기억이 살아 있는 노인들은 여기서는 대우를 받는다. 인간이란 어쩔 수 없이 감정의 돌기들로 교감되는 생명체들이기 때문이다.

"글쎄, 어제는 쥐를 잡는다고 병원을 발칵 뒤집어놓더니만, 오늘은 소변 봉지를 가는데 무신 남존여비 여필종부 하시면서, 여자가 아랫도리 만진다고 할배가 발로 차서 이렇게 됐니더. 여기 이 시퍼런 멍다구 좀 보소."

간병인의 원망 섞인 하소연이다. 아버지는 여전히 허물어진 유가儒家에 앉아서 완고한 고집으로 떵떵거리고 있었다. 아버지는 알츠하이머를 앓고 있다. 설상가상으로 고관절 수술 후유증으로 극심한 섬망 증세까지 나타나고 있었다. 병실 문을 들어서면 아버지가 밤새 생산해놓은 대형뉴스들이 하루도 빠짐없이 나를 기다리고 있었다. 간병인들은 간밤에 있었던 아버지의 사건 사고일지를 브리핑하듯이 나에게 일러바친다. 원장의 호출도 부쩍 잦아졌다. 어르신 때문에 병원업무가 마비될 지경이니 소견서를 써줄 테니 다른 병원으로 옮겨달라는 것이다. 참으로 난감했다.

"여보, 아무래도 우리가 직접 간병하는 게 옳은 것 같아요. 아버님도 우리가 없으면 저리 불안해하시니, 달리 뾰족한 방법이 없잖아요."

"내 직장은 어쩌고? 당신 맘대로 해!"

아내의 말에 괜한 통을 놓고 밖으로 나왔다. 추석 보름달이 휘영청 밝다. 어머니의 얼굴이 겹쳐진다. 올망졸망한 육남매와 병든 아버지를 바통 터치 하듯이 나에게 맡기고 훌쩍 떠나신 어머니가 야속했다. 아버지는 평생 남늘한테는 호인 소리를 들었지만 가족에게는 아픔이었다.

전란의 후유증으로 인한 화병, 투전 가산탕진이라는 위태한 생의 작두 위에서 끝내 피폐된 삶을 반전시키지는 못했다. 상처하시고는 맏이를 따라 서울로 오셔서 이십 년을 방 윗목에 앉아서 낡은 명심보감만 들척이셨다. "당신, 여서 쌀이 나오니껴, 밥이 나오니껴!" 하시던 어머니의 옛 성화가 이해되었다. 결가부좌를 틀고 면벽하는 고승의 모습이 저러실까. 아버지가 기댄 벽지엔 세월의 때에 절은 달마의 문양이 선명하게 새겨져 있다. 농사를 억척스럽게 지으시며 집안 대소사를 호령하시던 시절도 영 없지는 않았지만 그 짧은 기억만으로 아버지의 무위한 삶이 탕감되진 않았다. 아파트 베란다로 해가 뜨고 지는 동안 아버지의 일생도 속절없이 저물어갔다. 혼주 노릇을 하며 동생들을 결혼시킬 때면 유독 아버지의 빈자리가 컸다. 기대하지 말자고 수없이 다짐했지만 그래도 현실의 무게가 버거울 때면 아버지의 등에 한 번쯤은 기대어보고도 싶었다. 애증愛憎은 하나의 연줄에서 잉태된다고 했던가. 사랑하고 공경할 수 없는 아버지란 이름이 미웠고, 그 미움의 가시는 다시 부메랑으로 돌아와 나를 찌르던 세월이었다.

  나는 애착을 가졌던 홍보실 일을 접고 집 가까이로 전직을 자청했다. 담당의사에게 직접 간병을 할 테니 사정을 좀 봐달라고 간청을 드렸다. 아내와 나는 직장과 병원을 오가며 교대로 아버지의 간병을 시작했다. '살면 얼마나 사실까?' 하는 아내의 말에 마음을 다잡았다. 그러나 일상이 뒤엉킬수록 나의 심기는 비뚤어져갔다. 일생 씻는 것을 터부시하는 성격이시기에 목욕을 시킬 때면 늘 한바탕 전쟁을 치러야 했다. 나도 모르게 손바닥에 힘이 들어갔다. 이 등이 어머니의 등이었다면 조선 팔도를 업고 다닐 등이건만, 이런 부질없는 생각을 하면서 아버지의 등을 세게 문지르는 것으로 미움의 멍울을 풀어내기도 했다. "당신, 그러면 죄 받아요." 아내는 눈을 흘기며 추석 밥을 아버지 입에 잘도 떠넣는다.

금실 같은 햇살이 내리던 어느 가을 무렵이었다. 퇴근 후 병원 문을 막 들어서려는데 공원 한 귀퉁이에서 나직한 대화 소리가 들려왔다.

"아버님, 옛날에 어머님 만나시기 전에 바람피우신 적 있으세요?"

"흐흠, 딱 한 번 있기는 허지. 거 맥골 뽕나무 밭에서, 허허~"

"어머, 그러셨어요. 그럼 하늘나라 어머님께 일러바쳐야겠네요. 호호!"

"아버님, 십팔 번 노래 한번 불러보세요."

"백마아강 다알밤에 물새에가 우~ 울어~"

"와아, 짝짝짝!"

아내는 휠체어를 밀며 아버지의 노래에 맞장구를 친다. 아버지는 며느리의 살가운 채근에 즉흥화답을 하신다. 폭력적이고 괴팍하기까지 하던 증상은 온데간데없고 새우깡을 오물거리시는 아버지의 얼굴이 아이처럼 순하고 평온해 보였다. 피가 섞이지 않아서 저럴 수 있는 것일까. 아내의 저 여유는 대체 어디서 온 것일까. 아내는 아버지를 치료하는 방법을 알고 있는 듯했다. 결혼 전 '편찮으신 홀아버지를 모셔야 하는데 괜찮은가?'라고 물은 적이 있다. 그때 아내는 일찍 돌아가신 친정아버지에 대한 그리움을 이야기한 적이 있다. 그러한 친정아버지에 대한 마음이 아버지에게 연민의 정으로 투사되었는지도 모른다. 그래서인지 아내는 지금까지 아버지를 신심으로 대했던 것 같다. "커가는 아이들이 무섭다"며 아버지를 원망하며 돌아서는 시동생들을 다독였다. "그러니까 장남 아니에요"라며 미움 쪽으로 기우는 내 마음을 누그러뜨려주곤 했다. 어쩌면 내가 아버지를 겉도는 세월 동안 아내는 일찌감치 아버지를 운명으로 받아들였는지도 모른다.

각박한 세상의 시류처럼 나 역시 아버지를 '주고받음'의 잣대로만 생각해왔던 것은 아닌지. 저 가랑잎 같은 아버지를 진즉에 놓아드리지 못하고 아버지란 이름에만 너무 집착해온 것은 아닌지. 부모자식 간에도 상대성의 논리가 작용한다며 받은 것이 없으니 줄 것도 없다고 긴 세월 마음의 문을 닫고 살아온 것은 아닌지. 들숨 한 번이면 이미 저승길인데 내 미욱한 가슴에 마른 잎 하나 떨어질 즈음에야 겨우 보이는 아버지.

고개를 들면 하늘이 보이고 구름이 흐른다. 아이들이 햇살 속으로 뛰어간다. 정말 받은 것이 없는 것일까. 저 파란 하늘과 구름, 아이들은 어디서 왔을까. 그랬다. 아버지는 눈, 코, 입 똑바로 박힌 나를 주셨던 것이리라. 이 세상을 주신 것이다. 생각을 돌리니 마음이 한결 편해진다. 잘난 부모보다 못난 부모 잘 모시는 것이 참효도일진대, 이 평범한 말 한마디를 터득하는데 그렇게 오랜 시간이 걸렸던 것이다.

휠체어를 미는 아내의 등 뒤로 부채 같은 햇살이 내린다. 은행잎들이 아내의 어깨 위로 떨어진다. 노란 물감으로 채색된 한 장의 가을그림 같다. 내가 살아오면서 아버지에게 한 번도 그려주지 못한 그림을 아내가 살랑살랑 앞서가며 그려가고 있다.

"아부지요!"

휠체어를 밀며 나도 슬그머니 아내의 그림 속으로 끼어든다. 그림 속이 환해진다. 늦지 않아서 다행이다.

『좋은수필』 2021. 5월호
2021.『좋은수필』 베스트 10 선정작

둥지

까치가 떠났다. 빈 둥지만 덩그러니 놓아두고 어디론가 홀연히 사라졌다. 둥지는 까치 부부가 합심해서 지은 저희들만의 성소였다. 해토 무렵부터 나뭇가지를 총총 뛰어다니며 분분한 수다로 집 지을 궁리를 하는가 싶더니 어느새 우듬지 부근에 견고한 공중건축물을 축조한 것이다. 까치 부부에게는 오랜 공력을 들여 마련한 신접살림집인 셈이다. 모진 비바람을 다독이며 털북숭이 새끼들을 키워온 둥지다. 사람의 심사로 보면 애착이 갈 법도 하건만 까치 부부는 오늘아침 미련 없이 새끼들을 앞세우고 이소離巢를 감행한 것이다. 한철을 머리맡에서 지저귀던 까치들이 떠나자 문득 알 수 없는 공허감이 밀려왔다.

이사할 목록들을 정리하며 집 안을 한 바퀴 둘러본다. 몇 올의 햇살

들만 들락거릴 뿐 사방이 적막하다. 한 시절 대가족의 온기가 뒤섞여 복작거리던 방들이 휑한 냉기를 품고 있다. 제몫을 다한 아버지의 장롱이 이빨 빠진 노인처럼 봄볕에 생기를 놓고 있다. 꽉 찬 세간들이 한때는 내 삶의 빛나는 목록이기도 했지만 이제는 폐기처분될 날만 기다리고 있다. 영원할 것 같은 살붙이들이 불과 몇 년을 사이에 두고 모두 떠났다. 아이들은 성장해서 군대로 갔고 동생들은 제짝을 찾아 새 둥지를 틀었고 가랑잎 같던 아버지도 몇 해 전 산으로 거처를 옮기셨다. 때가 되면 떠난다는 이치를 몰랐던 것은 아니지만 막상 닥치고 보니 마음이 영 을씨년스럽다. 이 둥지 한 칸을 마련하기 위해서 그토록 안간힘을 써왔던가. 베이비부머세대들이 다 비슷한 길을 걸어왔겠지만 생각해보면 나는 유독 둥지에 대한 애착이 컸던 것 같다.

첫 직장을 잡고 아내와 신혼살림을 차릴 무렵 나는 태산 같은 어머니를 잃었다. 편찮으신 아버지와 어린 동생들을 나에게 맡기고 어머니가 가분재기 떠나신 것이다. 나는 졸지에 둥지 잃은 철새 신세가 되었다. 난파선의 선장처럼 맏이란 짐을 지고 망망대해를 건너가야 하는 처지였다. 방 두 개 달린 도회의 셋방에서 일곱 식구의 둥지를 틀었다. 누구보다 아내의 고생이 심했다. 한자리에 앉을 공간이 부족해서 아내는 늘 두 번의 밥상을 차렸다. 기일이면 부족한 잠자리 때문에 친척들에게도 미안했다. 언제나 둥지가 부실했다. 그때부터 나의 둥지 짓기는 시작되었다.

넓은 평수의 집을 꿈꾸며 살림살이를 여투어 가랑잎 같은 적금을 부었다. 무럭무럭 커가는 아이들처럼 부대끼던 삶 속에서도 희망의 새순들은 조금씩 돋았다. 일곱 번의 주소가 바뀌던 날 처음으로 내 소유의 둥지를 마련했다. 신도시의 아담한 아파트였다. 이사하던 날 아내도 꿈인가 싶어 방글거리고 아버지는 베란다 쪽을 둘러보며 연신 헛기침을 하셨다. 아이들도 좋은지 방과 거실을 우당탕 뛰어다녔다. 처음으로 아이들 방을 따로 만들어 주었다. 구름 띠로 벽지를 장식하고 카키색 책꽂이에 위인전을 꽂아주었다. 우리 부부만의 신혼 아닌 신혼 방도 꾸몄다. 연둣빛 장롱을 들이고 베란다에 제라늄과 치자꽃을 심었다. 비로소 둥지가 완성되었다. 일곱을 실은 쪽배가 풍랑을 헤치고 무사히 항구에 당도한 것이다. 새로 장만한 식탁에서 가족들이 둥글게 앉아 저녁밥을 먹던 날 아내는 눈시울을 적셨다. 생각해보면 그날이 우리 부부의 인생에서 가장 행복했던 날이 아니었던가 싶다.

집은 사람들이 북적대야 훈기가 나는 모양이다. 아내도 요즘 들어 장가간 삼촌들이나 아버지 이야기를 자주한다. 빈방들을 보며 내심 마음 한쪽이 허전했던 모양이다. 홀시아버지 시집살이가 녹록지 않았을 텐데 지나고 나면 다 그리움인지 못해드린 일만 생각난다며 생그레 눈가를 적신다. 가쟁이 같은 햇살이 아버지의 방을 힐끔 엿보고 간다. 구석구석 내 집착의 손때들이 묻어 있다. 버리는 것에 익숙하지 않아서인지 모두가 애착이 간다. 아버지가 쓰시던 돋보기와 낡은 명심보감, 그리고 어느 봄날엔가 손자들에게 썼을 편지들을 챙긴다. 이십 년 동안 버리지 못한 어머니의 자개상도 다시 닦아둔다. 훗날 나의 소중한 것들을 아이들도 기억해줄까. 뜬금없는 생각에 피식 웃음이 난다. 그 역시 산 자의 위안이고 산 자의 영역이기 때문이다.

창밖으로 고층아파트가 즐비하다. 칸칸이 따뜻한 불빛을 품고 있는 삶의 둥지들이다. 사람들은 저 둥지에서 희로애락을 묻고 살아간다. 둥지에서 밥을 먹고 하루의 위안을 얻으며 일생의 삶을 의탁한다. 둥지를 떠난 삶이란 생각할 수 없다. 모두가 둥지에 소속되어 있기 때문이다. 인간이 정착생활을 하면서부터 둥지의 발달사는 시작된 듯하다. 움집에서 초가와 기와를 얹고 현대에 들어와서 아파트란 구조물이 생겨났다. 소박한 소시민들의 꿈이 깃든 곳, 따뜻한 불빛 아래 가족들이 옹기종기 모여앉아 하루의 노고를 위무하는 곳이 둥지의 개념이다. 그러나 지금의 아파트는 그와는 거리가 먼 듯하다. 온 나라가 아파트 광풍에 들떴다. "한국인은 중산층에 진입하려면 자의든 타의든 한 번은 투기과정을 거쳐야 한다"라며 스스로를 잠재적인 투기꾼이라고 자책했던 어느 시인의 말을 들은 적이 있다. 그런가도 싶다. 나 역시 행복은 아파트 평수에 비례한다며 일생 그런 둥지를 꿈꾸어왔는지도 모른다. 그러나 층층이 겹친 저 회색빛 풍경이 오늘따라 낯설어 보인다. 사각의 빌딩에서 사각의 엘리베이터를 타고 사각의 둥지에 깃을 내리는 현대인의 슬픈 습성이 아파트 모서리에 짙게 묻어 있는 듯하다. 마당 너른 집에서 내 까치발이 무럭무럭 자라던, 그 따뜻했던 둥지를 떠나 나는 결국 저 성냥갑만 한 집 한 칸에 닻을 내렸던 셈인가.

까치는 살터로 돌아갔다. 더 크고 광활한 자연의 둥지로 귀소歸巢한 것이리라. 지상에서 가장 작은 집 한 칸에 세 들어 살다가 빈 몸으로 돌아간 까치들, 공중에 걸린 까치집이 눈부시게 희다. 인생은 낯선 여인숙에서의 하룻밤과 같다고 했는데, 지금까지 애면글면 움켜쥐어온 것들이 결국 버리고 비워내야 할 빈방이었던 것일까. 둥지를 맴도는 까치의 공명음이 자꾸만 내 귓전을 때린다. 언젠가는 아이들도 날개를 파닥이며 이소를 감행할 것이다. 그때쯤이면 나도 홀가분한 삶을 꿈꿀 수 있을까. 어쩌면 내 인생의 덫 같기도 했던, 쓰고 달콤했던 아파트의 여정을 끝내고 까치처럼 대자연의 품에 사뿐히 안착하고 싶다. 낮은 산도린곁에 까치집을 틀고 구름발치에 너른 산을 품고 싶다. 아홉 평 채마밭을 일구며 때때로 귀소하는 아이들의 발자국소리에 귀 기울이고 싶다. 그때는 봉창으로 별들이 총총 뜨는, 하늘의 평수를 넓히며 살고 싶다.

『에세이문학』 2019. 봄호

장닭 임종기

 농장 마당에 오종종하게 서있는 닭들을 보노라니 오래 전 닭에 얽힌 에피소드 한 토막이 생각난다. 업무 차 경원선 민통선 부근의 신탄리란 마을에 간 일이 있었다. 한낮의 태양 아래 감자꽃이며 옥수수수염이 한가롭게 일렁이는 시골마을 어귀에서 황금빛 찬란한 한 무리의 닭들을 발견했다. 순간 그 닭들이 무척 탐이 나서 노인 분에게 닭 두 마리만 파시라고 사정한 끝에 삼만 원을 드리고 알 잘 낳는 씨암탉과 수탉 한 쌍을 샀다. 나는 들뜬 마음으로 닭을 라면박스에 넣어서 인천 집까지 무사히 들고 왔다.
 아내가 웬 닭이냐고 묻길래, 의기양양한 목소리로 "기다려봐, 내일부터는 싱싱한 달걀을 매일매일 먹을 수 있을 테니까"라고 큰소리를 쳤다. 나는 즉시 막냇동생과 함께 닭장 짓는 일에 착수했다. 툴툴거리는 동생한테 '철망 사와라, 못 사와라, 톱 사와라' 하면서 학교 공사장에 버려진 목재를 주워다 밤늦도록 닭장을 지었다. 시렁을 튼튼하게 고정시키고 아이들 헌옷을 찢어서 달걀 놓을 받침대를 만들고, 플라스틱 그릇에 구멍을 뚫어서 닭 모이통을 다는 것으로 대공사는 끝이 났다. 닭장을 빌라 뒤쪽 베란다로 옮기고 흐뭇한 마음으로 쌀, 콩, 상추 등을 잔뜩 주고는 하얀 달걀을 꿈꾸며 새벽 한 시가 넘어서야 잠자리에 들었다.

그런데 이게 웬 날벼락인가? 고요한 도시의 새벽을 뒤흔드는 천지개벽의 소리가 있었으니, '꼬~끼오, 꼬~끼오' 하는 장닭의 우렁찬 울음소리, 아뿔싸! 나는 반사적으로 후다닥 일어나 엉겁결에 다림질 분무기를 들고 가서 닭 머리를 향해서 물을 마구 뿌리며 "쉿! 조용해, 사람들 다 깬단 말이야!" 하면서 협박과 회유로 장닭을 일단 제압하는 데 성공했다. 그런데 다시 잠자리에 든 지 십여 분쯤 흘렀을까? 이놈의 닭이 또다시 '꼬~끼오, 꼬꼬~끼오' 하며 십 초 간격으로 소프라노 나팔을 불어 대기 시작했다. 이웃들에게 너무나 미안했고 황당했던 나머지 단숨에 달려가서 닭 벼슬과 울대를 쿡쿡 쥐어박으며, "야, 너 반항하니? 쉿! 조용히 해 제발!" 하면서 협박을 했지만 닭이 '꼬~꼬댁, 꼭 꼭' 소리를 내면서 오히려 닭 벼슬을 세우는 것이 아닌가. 어쨌든 입은 막아야겠다는 절박한 심정에서 이사할 때 쓰던 누런 테이프를 찾아서 결국 장닭의 뾰족한 입을 둘둘 감아서 봉해버렸다. 아내는 닭이 뭘 안다고 때리느냐 며 키득거렸고 남동생은 "거봐, 형" 하며 무척 고소하다는 듯한 표정을 짓고 있었다.

"이젠 안심이야. 지까짓 게 입을 봉해놓았는데 별수 있겠어"라며 나는 달아난 새벽잠을 재촉했다. 그런데 이게 웬일인가. 그 질긴 테이프를 어떻게 풀었는지, 닭이 또, '꼬~끼오, 꼬~끼오' 하며 이제는 아예 목 놓아 통곡을 하고 있는 게 아닌가. 결국, 나는 눈물을 머금고 '주여, 용서하소서'를 연발하며 부들부들 떨리는 손으로 닭 모가지를 비틀고야 말았다. 그 순간 동생과 아내의 질시를 감수하며 밤새도록 지은 닭장이랑 아침이면 먹을 수 있겠다던 싱싱한 달걀의 꿈도 함께 날아가버렸다. 다음 날 그 가련한 장닭은 찜통 속에 푹, 고아진 채로 우리 가족의 식탁 위에 올려졌고 삼복더위를 장닭으로 포식했다.

그런데 그때 밖에서 "은일이 엄마 있수?" 하는 낯익은 목소리가 들렸다. 아내가 문을 열어보니 이 층 집 아주머니였다. 집사람은 "마침 잘 왔어요" 하면서 닭죽 한 그릇을 떠주며, "어젯밤에 닭 우는 소리 땜에 잠 설쳤죠?" 하고 묻는데, 이건 또 무슨 자다가 닭다리 긁는 소리인가. 그 이 층 집 아줌마 왈, "어떻게 알았어요? 그놈의 꼬끼오 시계가 저번부터 말썽이더니만, 어젯밤엔 하도 울어 싸서 그만 내동댕이치고 말았지."

"예에~?"

그 말을 듣는 순간 우린 눈이 휘둥그레진 채 그만 파안대소하고 말

앉다. 결국 내가 일 층에서 장닭과 한바탕 새벽 전쟁을 벌이고 있을 때 이 층 아주머니는 여름밤 환청증세까지 겹쳤던지 애꿎은 꼬끼오 시계와 신경전을 벌이고 있었던 셈이다. 그도 그럴 것이 도시에서 진짜 닭이 우는 소리를 어디 상상이나 했을까. 여하튼 그해 여름밤 장닭과의 전쟁을 통해서 닭 모가지를 비틀어보니 참말로 새벽이 오긴 왔다. 그 사건 이후로 나는 가족에게 '꼬끼오 아빠'라는 놀림을 받는 수모를 당해야 했지만, 지금도 복날이 오면 '복날 닭 패듯이' 패준 그 여름밤의 닭 이야기로 한바탕 웃음을 터뜨린다. 늦었지만 그 여름밤의 장닭에게 삼가 명복을 빈다.

『에세이스트』 2022. 10월호

밤을 주우며

이맘때의 숲은 풍성하다. 열매들은 실팍하게 살이 오르고 다람쥐들은 겨울양식을 모으느라 분주하다. 톡톡, 시간의 여백을 타고 알밤들이 떨어진다. 몇 알은 개울로 굴러가고 몇 알은 여뀌풀 틈새로 숨는다. 나는 밤의 행방을 쫓아 풀섶으로 몸을 낮춘다. 반지르르 윤기 나는 놈은 금방 출타한 알밤이다. 어쩌다가 삼형제 밤이라도 만나면 횡재를 한 기분이다. 성급하게 떨어진 밤송이들도 더러 눈에 띈다. 아직 설여물었는지 밤은 두피를 바짝 밀착시키고 완강하게 버틴다. 밤송이가 손마디를 따끔따끔 찌른다. 가시를 세우는 품이 둘째 녀석의 모습과 흡사하다.

"여보, 우리도 반려견이나 한 마리 키울까. 반려견은 꼬리치는 맛이라도 있잖아."

얼마 전 퇴근 무렵 아내가 나에게 불쑥 던진 말이다. 평소에 개라면 질겁하던 아내의 말에 나는 적이 놀랐다. 연유인 즉, 언제부터인가 아이들이 벽처럼 멀게 느껴지더란다. 어쩌다가 말이라도 걸면 단답형 대답으로 톡 쏘곤 방으로 들어가버린단다. 머리가 커간다는 증표려니 하면서도 마음 한쪽은 영 서운했던 모양이다. 어쩌면 나를 그렇게 쏙 빼닮았을까. 특히 작은놈이 그렇다. 토라져서 베개를 끌어안고 굼벵이처럼 도르르 꼬리를 말고 돌아누운 품이 영락없이 내 어릴 적의 모습이다. 피식 웃음이 나면서도 마음 한쪽이 아려온다.

어릴 적 나 역시 어머니에게 늘 군림하는 자세였다. 내 물건은 제자리에 있어야 했고 교복은 반듯하게 다려져 있어야 했다. 아버지와 겸상을 했기에 노릇한 고등어 몸통은 언제나 내 차지였다. 동생들은 곁눈질을 하며 상이 물려질 때를 기다려야 했다. 집안은 언제나 나를 중심으로 돌아가는 시계바늘과도 같았다. 맏이는 부모맞잡이라고 하시던 아버지의 유가儒家적 말씀을 잘못 해석했던 탓이리라. 부모와 대등할 만큼 맏이의 책임도 크다는 속뜻을 그때는 미처 헤아리지 못했다. 여필종부니 삼종지도니 하는 남성 중심의 집안 분위기 속에서 나는 철없이 우쭐대며 만만한 어머니 가슴을 밤송이처럼 자주 콕콕 찔렀다. 그러다가 훌쩍 어머니 품을 떠났다.

서울에서 첫 직장을 잡을 무렵이었다. 그즈음 전화선을 타고 오는 어머니의 음성이 부쩍 쇠약해져 있었다. 생기 있던 목소리는 간데없고

"추석 때는 댕기러 오냐?" 하는 정도의 안부 말씀뿐이었다. 그러려니 하면서 귀향을 미루다가 친척의 결혼잔치 때 어머니를 뵈었다. 잔치가 파하고 혼주 집에서 하루 더 머물다가 가기로 했다. 파장 무렵 나는 잠자리가 마땅치 않아 무심코 당숙 집으로 가려는데 어머니가 불쑥 역정을 내셨다.

"니는 인자 컸다고 잠자리마저 에미와 떨어져서 자고 싶으냐!"

어머니는 평소와 다르게 무척 서운한 눈빛으로 나를 쏘아붙이셨다. 어느새 훌쩍 커버린 자식이 멀게만 느껴졌던 모양이다. 먼발치에 있다가 아침이면 객지로 훌쩍 떠날 자식이 못내 섭섭하기도 했을 터이다. 그러나 나는 그 속을 모른 채 시큰둥한 마음으로 어머니 곁에서 잠을 청했다. 그게 어머니와의 마지막 하룻밤이었다. 그해 겨울 어머니는 고달픈 세상살이를 놓고 먼 길을 떠나셨다. 장성한 자식과의 하룻밤이 그토록 소중했던 어머니는 나에게 늦은 후회를 남기고 짧은 생을 마감했다.

성글던 밤송이가 어느새 가을빛으로 물들었다. 하늘 높은 줄 모르고 우쭐우쭐 가시를 세우던 밤송이도 시간의 흐름에 어쩔 수 없이 무릎을 꿇는다. 새파란 풋기를 죽이고 바람의 흐름에 순응한다. 수런거리던 숲도 초록의 결을 거두고 긴 사색에 잠긴다. 세월은 지난 일들을 명료하게 한다. 새파랗던 밤송이가 한 알의 알밤이 되기까지가 내가 걸어온 시간인 듯하다. 젊은 날은 떫고 비리던 시간이었다. 설익은 밤송이로 가시를 세우고 어머니 속을 무던히도 태웠다. 더러는 가시가 밖으로 웃

자라 타인의 가슴을 찌르기도 했다. 가시가 온전히 마음의 성찰로 가지 못하던 날들이었다. 시간은 결을 누그러뜨리는 묘한 마력을 지닌다. 돌은 세풍歲風에 탁마되고 마음은 세파世波에 무뎌진다. 언제부턴가 내 안에 자식이란 씨방이 들어서면서부터 가시들이 차츰 순해지고 다소곳해져갔다. 아버지란 이름표를 달고부터 떫던 삶도 조금씩 여물어져갔다.

선득한 바람에 씨알 굵은 밤알이 떨어진다. 때가 되었다는 듯 밤은 앙다물었던 껍질을 벗고 홀연히 자유낙하를 시작한다. 절로 벙글어서 뭇 생명들에게 몸을 내어주는 밤의 둥글고 넉넉한 마음을 본다. 한 알의 온전한 밤을 먹기 위해서는 찔리는 수고와 떫은맛을 보아야 한다. 하나의 삶이 완성되기 위해서는 고통과 후회의 시간을 견뎌야 한다. 내 삶도 밤의 여정과 별반 다르지 않으리라. 한 입 오드득! 씹으면 입 안 가득히 배어나오는 달짝지근한 맛, 톡 쏘지도 떫지도 않은 그 은은한 맛이 어쩌면 인생의 맛일지도 모른다. 그쯤이 인생의 맛을 아는 나이일지도 모른다.

짧았던 봄밤도 눅진 삶에 뒤척이던 여름도 저만치 물러났다. 내 생의 시계가 어느덧 느린 보폭으로 늦가을을 지나간다. 어느새 닳고 뭉툭해진 발등 하나로 혼자 걷는 숲길, 산 아래로 펼쳐진 길이 고지도처럼 흐리다. 어쩌면 내 살아온 날도 저와 같았을까. 쉰 고개 아등바등 넘어오던 발등이 시리고 아프다.

가시도 결기도 이제는 아이들의 시간으로 흘러갔다. 품 안에 새록새록 감기던 녀석들이 어느새 까칠한 밤송이를 들이민다. 그래서 인생은 사는 만큼 보인다고 했는가. 저 밉살스런 밤송이들을 내 안으로 품고서야 비로소 그 옛날 어머니가 보인다. 어느새 훌쩍 커버린 자식을 잠깐이라도 곁에 두고 싶어 했던 어머니의 애진 마음이 보이는 것이다. 그때 어머니는 맏이의 등에 기대고 싶었을 것이다. 다정다감한 말 한마디를 또 얼마나 소원하셨을까. 그래서 어리석은 게 인생이라고 했는지. 늦었다 싶을 땐 이미 보이지 않는 얼굴들, 삶은 어쩌면 후회를 등에 업고 걸어가는 과정인지도 모른다. 멈칫멈칫 먼 산 묵뫼를 돌아보며 나는 이 늦은 후회를 아직은 더 지고 가야 할 듯하다.

새들이 어미 품을 떠날 무렵이면 세찬 날갯짓을 한다. 아이들의 톡톡거림도 이제 막 이소離巢를 시작하려는 새들의 날갯짓쯤으로 생각해두고 싶다. 시간의 더께가 더 쌓이면 저 풋기도 차츰 수그러들겠지. 그렇게 한발 한발 세상으로 나아가겠지. 상처입고 그 상처가 제 속으로 아무는 시간에 앉아 그 옛날 부모의 마음 한 자락도 짚어보겠지. 그때가 너무 늦지 않기를 바랄 뿐이다.

가시를 벗어던지고서야 비로소 홀가분해진 알밤, 그 영근 말씀 몇 톨을 주워 주머니에 넣는다. 산 위로 햇살이 내린다. 아직 올라보지 못한 생의 등고선이 환하게 펼쳐져 있다. 완등을 향해 나는 다시 신발 끈을 조여 맨다.

『좋은수필』 2018. 11월호

연리목

　둘레 길은 아내와의 정담길이다. 손을 잡고 새소리 바람소리에 귀를 씻으며 둘레둘레 걷다보면 마음이 한결 가벼워진다. 그동안 서운했던 마음이나 미처 풀지 못했던 소소한 집안일들도 나는 이 둘레 길을 걸으면서 푼다. 숲 어름에 앉아서 땀을 식히고 있는데 앞서가던 아내의 목소리가 들려왔다. 아내는 발그레 상기된 얼굴로 비탈 쪽 나무를 가리키고 있었다. 언뜻 보니 두 그루의 참나무가 엉켜 붙어 있었다. 연리목 連理木이었다. 이미 많은 사람들의 손길이 스친 듯 수피가 반들반들 닳아 있었다. 정확한 수령은 알 수 없으나 생김새로 보아 몇 십 년은 족히 되어보였다.

　'연리목은 서로 다른 두 나무가 오랜 세월을 맞닿은 채 자라면서 하나가 된 나무이다. 두 나무가 살을 맞대고 부름켜를 잇는 고통의 세월을 보낸 후에야 비로소 한 몸連理이 된다. 그 후에는 튼튼한 나무가 약한 나무에게 양분을 공급해주며 함께 살아간다.' 나는 마치 숲 해설가라도 되는 양 아내에게 연리목의 생태에 대해 세세한 설명을 늘어놓았다.

"듣고 보니 상상이 가네. 그럼 당신에게 양분을 공급해준 수호천사는 누구지?" 아내는 재미있다는 듯이 내 표정을 살피며 생글거린다. 그랬던가. 뜨끔한 그 무엇이 명치끝을 뭉긋이 짓누른다.

아내의 말처럼 결혼 당시의 내 모습은 앙상한 겨울나무와도 같았다. 옹이마다 시린 바람 불어와 좀체 잎 틔우지 못할 희망 없는 나무였다. 아버지의 지병, 어머니의 갑작스런 죽음, 육남매의 맏이, 이런 우울한 삶의 문제에 부딪혀 겨울골목을 휘청거리던 시절이었다. 어머니란 전능한 이름 하나가 떨어져 나간 집안은 폐허처럼 황량했다. 눈을 감으면 어머니 모습이고 눈을 뜨면 맏이란 엄중한 현실이 있을 뿐이었다. 몸도 마음도 지쳐 있었다. 정말 날 구원해줄 수호천사가 필요했다.

벚꽃 분분하던 어느 봄날, 몇 번인가 스쳐갔고 몇 줄의 편지 정도가 오가던…….

나는 한 여자를 생각하며 긴 편지를 썼다. 그리고 무작정 부산행 밤기차를 탔다. 새벽출항을 알리는 뱃고동소리에 마음을 다잡고 나는 등산로 같은 수정동 산복도로를 단숨에 올랐다. 술 한 병을 사들고 다짜고짜 장모님께 읍소하며 청혼을 했다. 장모님께는 청천벽력과도 같았으리라. 포기하면 끝이라는 심정으로 다음 날 다시 장모님을 찾았다. 삼고초려의 마음으로 청혼했다. 이런 내 모습이 안쓰러워 보였던지 아내는 태어나서 처음으로 엄마를 거역했다며 내 염치없는 손을 꼭 잡아주었다. 다니던 회사를 정리하고 당돌하게, 어쩌면 철없이 친정엄마를 설득하던 아내, 그렇게 아내는 언제 쓰러질지 모르는 고사 직전의 나무 옆에 스물여섯의 청청한 뿌리를 내렸다.

변두리에 셋방을 얻고 동생들과 편찮으신 시골아버지를 모셔왔다. 신접살림 대신 어머니가 쓰시던 세간들을 풀고 곤궁한 삶의 목록들을 진열했다. 허름하던 세간들에 아내의 손이 닿자 차츰 윤이 나기 시작했다. 폐가에 들어앉은 보름달처럼 우울하던 집 안이 일순 환해졌다. 아내는 어린 시동생들을 다독이며 집안 구석구석에 묻어 있던 슬픔의 흔적들을 털어내었다. 앞치마를 동여매고 날마다 어머니의 빈자리를 쓸고 닦으며 집안에 짭짜름한 소금꽃을 피웠다. 풍한 마음으로 겉돌던 동생들도 차츰 아내를 따랐다. 집안에 비로소 졸졸졸 시냇물 흐르는 소리가 들려왔다. 그것은 희망의 노래였다.

어찌 아내라고 호강하고 싶은 생각이 없었을까. 튼실한 나무 옆에 뿌리를 내려 청청한 활엽의 인생을 살고 싶은 꿈이 아내라고 없었을까. 그러나 아내는 평탄한 길보다 절실한 쪽을 선택했던 것 같다. 생각해보면 그 봄, 꽃잎처럼 얇았던 인연이었지만 그래도 사랑은 움트고 있었던 것 같다. 당시 나의 절실함은 무모한 용기로 변주되었고 그것이 아내에겐 '진실'이란 이름으로 감응되었던 것이리라. 그러나 현실의 삶은 엄중했다. 어머니의 부재와 곤궁한 삶의 파편들이 자주 불협화음으로 달그락거리곤 했다. 어린 동생들은 아버지의 무능을 원망하며 성장통처럼 홀연히 집을 떠나기도 했다. 그러나 아내는 어느 잎새 하나 다칠까 섭섭한 자리들을 알뜰히 다독였다. 주소를 수소문해서 막내 시동생을 집으로 불러들이고 삐걱거리던 형제들을 중재하며 균열의 틈새를 촘촘히 박음질했다. 박봉을 쪼개어 감 하나 배 하나 놓고 죄송한 마음 여미며 어머께 제향을 사르던 아내, 그런 애진 시간들이 모여 결을 이루고 나이테를 불려 마침내 내 안으로 들어왔던 것이리라. 연리목이 되었던 것이리라.

시리고도 따스했던 지난 시간, 그 동안 두 아이가 성장했고 세 동생들은 각자의 짝을 찾아 집을 떠났다. 오래 앓아 감잎처럼 바스락거리던 아버지도 몇 해 전에 어머니 곁으로 거처를 옮기셨다. 밀린 숙제처럼 남았던 학업도 마쳤고 부초처럼 떠돌던 세간도 어느 정도 정착시켰다. 고사 직전의 나무에 새잎이 돋고 내 푸른 가지에 매달린 일가들이 다시 한 그늘을 내기까지 꼬박 이십오 년이 걸린 셈이다. 살을 맞대고 함께 살아온 풍파 많은 세월, 생각해보면 아내가 밀어올린 수액으로 나이테를 불리며 그늘을 넓혀왔던 시간들이었으리라. 어쩌면 내 나이테가 굵어지고 잎들이 무성해질수록 아내는 또 그만큼 작아지고 시들어왔던 시간이었는지도 모른다.

요즘 들어 아내의 얼굴에 부쩍 생기가 돈다. 늦게 시작한 방송대 공부가 마냥 재미있는 모양이다. 나는 응원하는 뜻으로 노트북 하나를 선물했다. 나의 예상치 못한 선물에 아내는 수백만 원짜리 보석이라도 받은 양 좋아했다. 사람에게 주는 것 중에서 '알아주는 것'만큼 큰 선물이 없다고 한다. 돌이켜보면 알아주지 못해서 미안했고, 그래서 더 고마웠던 세월이었다. 제 수피를 벗겨 고사 직전의 나에게 사랑이라는 부름켜를 이어주던 아내라는 나무, 그 자양분을 먹고 나는 지금 청청한 활엽의 나무로 푸르게 서있다.

팔월의 폭염도 아랑곳하지 않고 연리목은 서로를 꼭 껴안고 있다. 부름켜를 잇던 고통의 세월도 잊은 듯 매양 청청한 하늘로 푸른 가지를 뻗는다. 저렇게 잎 틔우고 품 안에 열매들 다문다문 익히다 보면 또 빛깔 고운 가을도 맞이할 것이다. 마주 본 세월의 무늬만큼 서로에게 물들어가기도 할 것이다. 햇살 한 잎씩 물고 앞서가는 아이들을 바라보며 그렇게 천천히 걸어가는 것이 부부의 길이라고, 우듬지 푸른 연리목이 나에게 일러주는 것만 같다. 빠듯한 일상에 찌들어 어느새 노랗게 탈색된 아내라는 작은 이파리, 그 고마운 손 하나 꼭 잡고 다시 산을 오른다.

『선 수필』 2018. 여름호

두 켤레의 운동화

 현관문을 열자 운동화 두 켤레가 흰 광채를 뽐내고 있다. 생긴 모양이 똑같다. 얼마 전 첫째가 신발을 사고 이어 둘째 녀석이 따라 산 모양이다. 대학생이 되어도 둘째의 비교심리는 여전한 모양이다. 형제들은 자라면서 서로 닮아가게 마련이다. 특히 동생이 형을 비교대상으로 삼는 것은 당연한 일인지도 모르겠다. 더욱이 두 살 터울의 남자아이들이니 관심사항이나 취향도 비슷할 터이다. 그러나 둘째의 비교심리는 좀 심한 듯하다. 어릴 땐 억지스럽고 괴팍하기까지 했으니 말이다. 지금 생각하면 '풋' 하고 웃음이 나오지만 그때는 꽤 심각했다.
 '무엇이든지 형과 똑같아야 한다'는 둘째의 비교심리가 본격적으로 발동하기 시작한 것은 다섯 살 때쯤으로 기억된다. 처음엔 형의 맥가 이버 머리가 자기보다 길다고 잠자는 틈을 타 가위로 싹둑 잘라놓더니 그 상태가 도를 넘어 점점 심각한 쪽으로 발전해갔다. 옷을 사도 똑같은 걸로 사고, 아빠 새치를 뽑을 때도 똑같은 숫자로 뽑아야 했다. 형이 곱셈 나눗셈을 하면 자기도 곱셈 나눗셈을 해야 하고, 아이스크림을 사도 형이 한 입 먹는 것을 확인하고서야 비로소 자기도 한 입 먹었다. 형 유치원을 따라가려고 아침마다 앙탈을 부린 날은 또 얼마였던가. 오죽했으면 태권도 학원에서도 규칙을 어기고 형과 똑같은 가짜 검은 띠를 주었을까.

"은일아! 형아가 덩치가 커도 니보다 더 크고 밥을 먹어도 니보다는 더 많이 먹는데 어째 니가 형과 똑같을 수가 있노?"라며 조근조근 설명을 하면 둘째 녀석은 어김없이 "그래도~잉" 하면서 소파에 굼벵이처럼 비비 꼰 채로 누워서 장기전 태세에 돌입한다. 도무지 설득이 안 되는 녀석이다. 한번은 돼지저금통을 하나씩 사준 일이 있다. 가끔씩 고모나 삼촌들이 주는 용돈과 한 개에 오십 원 하는 아빠의 새치를 뽑아서 열심히 모았다. 그렇게 2년이 지난 어느 날, 컴퓨터를 사는 데 저희들도 보태겠다기에 흔쾌히 돼지저금통을 깼다. 그런데 신기하게도 만 원짜리부터 백 원짜리 동전까지 수북이 쌓인 돈이 정확히 '십육만 사천사백 원'씩으로 두 녀석이 똑같았다.

"은일아! 이게 어찌 된 일이고?" 그러나 그 이유는 쉽게 간파할 수 있었다. 이 녀석은 평상시에 돈을 넣을 때마다 무언가를 골똘히 생각하다

두 켤레의 운동화 253

가 선심 쓰듯이 불쑥 형에게 오백 원을 더 주기도 하고, 어떨 때는 엄마 치마폭을 비비 꼬면서 이백 원만 더 달라고 생떼를 썼는데, 형과 똑같은 금액으로 맞추려 했던 것이 이유였다. 그 때문에 결국 백 원짜리 하나까지 똑같은 액수로 모아졌던 것이다.

그래도 그렇지 그 2년의 세월동안 그것 계산하느라고 어디 밥이라도 제대로 먹었을까. 이 정도는 그래도 봐줄만 하다. 이 녀석의 자존심이 걸린 문제라서 좀 망설여지지만 내킨 김에 하나만 더 소개해야겠다. 그 시절에는 일요일이면 나는 항상 아버지와 두 아들을 앞세우고 목욕탕을 갔다. 그때는 일주일에 꼭 한 번은 목욕탕을 찾아 이태리타월로 때를 박박 밀어야 직성이 풀리던 시절이었다. 그날도 아내 혼자 여탕에 들어가는 것을 부러운 듯 바라보며 나는 입장권 넉 장에 주눅이 든 채 남탕으로 들어섰다. 어쩌랴, 알부자(?)집 가장의 숙명인 것을. 목욕탕에 들어서는 순간 나는 숙달된 조교가 되고 아이들과 아버지는 잘 훈련된 병사가 된다. 뜨겁다는 녀석들을 온탕 안에 밀어넣고 아버지부터 씻겨드리기 시작했다. 한바탕 때밀이 전쟁을 치루고 나면 나는 온통 땀범벅이 된다.

"다음, 김은일!" 하면 자동으로 앞으로 취침, 뒤로 취침 자세를 취하면서 나의 때밀이 공세에 응전태세를 취한다. 최종코스로 유독 묵은 때가 많은 사타구니 부근을 집중 공략하는데 그만 이 녀석의 고추가 빳빳해지는 것이 아닌가. 부끄러워서인지 얼른 두 손으로 가리길래 나는 별 생각 없이 "다음, 김서일!" 하면서 마지막으로 큰녀석을 밀기 시작했다. 그런데 둘째는 그 좋아하던 냉수탕으로 가지 않고 형 씻기는 것을 골똘히 바라보더니 결국 또 한바탕 강짜를 부린다. "내 고추는 딱딱하게 하고 형아 고추는 왜 딱딱하게 하지 않는 거야? 형아도 빨리 딱딱하게 하란 말이야!" "이놈아, 비교할 게 따로 있지." '철썩!' 나는 기어이 녀석의 엉덩짝을 후려쳤다. 둘째의 극단적인 비교심리가 또 발동한 것이다. 거기서 인체구조에 대해서 설명을 할 수도 없고, 결국 엉덩짝을 호되게 치는 것으로 둘째의 억지를 제압했지만 목욕탕을 나서면서 마음은 영 심란했다. 저놈이 나중에 뭐가 될라고 저러는지. 다른 집 아이들도 그런지. 저러다가 나중에는 지 형 애인까지도 똑같아야 한다고 우기는 것은 아닌지. 참으로 난감했다.

'무엇이든지 형과 똑같아야 한다'는 둘째의 비교심리는 초등학교에 들어가면서 차츰 모방심리로 바뀌었다. 똑같을 수 없다는 것을 인정하면서 대신 그 심리의 기저에 형을 모델로 삼는 모방심리가 작동한 것이다. '그렇다면 큰놈만 잘 이끌면 둘째는 자동으로 형을 따라가겠구나.' 이런 생각을 하며 우리 부부는 첫째에게 열성을 기울였다. 다행히 바람대로 둘째는 형을 따라갔다. 첫째가 수학학원을 가면 둘째도 수학학원을 가고 첫째가 상장을 타면 둘째도 상장을 탔다. 극단적인 비교심리가 모방이라는 완만한 곡선으로 돌아선 것이다. 때론 부모 몰래 게임을 하고는 같이 시침을 뚝 떼는 공생관계가 되기도 했다. 그렇다고 둘째의 비교심리가 완전히 소멸된 것은 아니다. 굳이 하지 않아도 될 재수를 형이 했다고 따라서 했고 대학에 들어가서도 형이 기타를 사면 둘째도 기타를 사고 형이 서핑을 배우면 둘째도 서핑을 배운다. 헤어스타일이나 신발 옷의 취향도 거의 판박이다. 저러다가 본인의 개성이 묻히지나 않을까 걱정도 되었지만 그 역시 시간이 약이라고 믿어보는 수밖에.

요즘 세대들은 아이를 아예 가지지 않거나 하나만 낳아서 똘똘하게 키우겠다고 한다. 삶의 양상과 가치관이 우리 세대와 다르다. '가지 많은 나무에 바람 잘 날 없던' 때가 우리 베이비부머세대들이다. 그래서 그 시절 부모들은 호박처럼 주렁주렁 달린 형제들 배 채워주느라 등골이 휘었다. 올망졸망한 숟가락들이 허기진 밥솥을 긁던, 그 가난의 와중에도 부모들은 유독 형제간의 우애를 강조했다. 그래서 부모에게 드리는 효도 중에 형제간에 우애 있게 살아가는 모습만큼 큰 효도가 있을까도 싶다. 그렇게 두 녀석도 우애 있게 살아갔으면 좋겠다. 목욕탕에서 강짜를 부리던 억지도, 형의 머리카락을 잘라놓던 괴팍함도 이젠 두 녀석만의 추억이 되었을 것이다. 그런 웃지 못할 추억들이 부모 없는 훗날에는 우애의 밑그림이 되지 않을까도 싶다. 현관에 정박한 두 켤레의 운동화가 나란히 출항을 기다리고 있다. 저 두 켤레의 쪽배가 서로의 나침반이 되어 세상이란 바다를 향해 힘차게 항해했으면 좋겠다.

『미 발표작』

아내의 붓다

요 근래 들어 아내의 행동이 수상쩍다. 새벽마다 샤워를 하고 어디론가 휭하니 사라졌다가 아침 먹을 무렵이면 아내는 땀에 흠뻑 젖어서 돌아온다. 처음엔 새벽운동을 하고 오겠거니 생각했는데 손에 들린 천수경과 대입합격 발원문을 보고 그 내막을 쉽게 알 수 있었다. 아내는 인근 절에서 100일 기도를 시작했던 것이다.

"에구, 자식이 뭐길래, 엄마를 이렇게 또 108배까지 시키다니"라고 생글거리면서 머리를 말린다. 요행을 바라고 부처를 찾으면 오던 복도 달아나겠다며 내가 핀잔을 주자 아내는 요행을 바라는 게 아니라 그저 수능 때 실수만 하지 않게 해달라고 빈다는 것이란다. 또 108배를 하면 관절운동도 되고 심신수양도 되니 일석이조란다. 일리 있는 말이지만 아내의 지난 행적을 생각해보니 나도 모르게 피식 웃음이 나왔다.

사실 아내는 속된 말로 나이롱 불자다. 어떤 때는 이웃집 아주머니와 공짜 점심을 먹는 재미로 교회를 나가기도 하고 어떤 때는 유명한 점술가가 준 부적이라며 아이들과 내 지갑 속에 슬쩍 끼워놓기도 했다. 그래선지 책꽂이 한 귀퉁이에는 무슨 발원문들과 두꺼운 성경책만도 대여섯 권은 모셔져 있다.

이런 아내에게 영향을 끼친 것은 역시 법정스님이었다. 법정스님이 입적하셨다는 소식을 접하자마자 아내는 나를 원망하는 눈빛이 역력했다. "거봐요, 길상사에 한번 가자고 하니까! 생전에 스님의 법문을 한 번만이라도 직접 듣고 싶었는데"라며 아내는 눈물까지 글썽이고 있었다. 아내는 평소에도 『말과 침묵』이나 『무소유』같은 책을 가끔 인용하며 나름대로의 종교관을 피력하기도 했었다. 아니, 종교관이라기보다는 법정스님에게 얻은 일종의 감화문이었다. 만약 법정스님이 큰 진리를 깨우친 선승의 일면만 있었다면 아내가 그토록 감명받지는 못했을 것이다. 법정스님은 종교인이기에 앞서 삶의 스승이자 선지자 같은 존재였던 것이다.

"부처의 길이 멀리 있는 것이 아니라 하루하루 자신의 삶을 깨끗하게 꽃피우는 길이고, 그 꽃향기가 이웃들에게 회향할 때 거기 부처가 있다"라는 스님의 법문이 아내의 귀에 쏙 들어왔던 모양이다.

일찍이 어머니 역시 절을 다니셨다. 불교는 토속신앙과 밀착되어 있고 사는 곳이 산골이다 보니 아무래도 절을 찾는 것이 촌부들에게는 쉬웠을 것이다. 어머니가 자주 찾던 절은 봉화청량사란 산간사찰이다. 청량사는 여느 평지사찰과는 다르게 청량산 보살봉이 주름치마처럼 펼쳐진 절벽 끝자락에 자리하고 있다. 구름 위에 떠있는 법당이란 표현이 적절할 것 같다. 잡다한 세음이 일체 범접할 수 없는 곳이기에 하루 종일 풍경소리 바람소리만 천년의 세월을 덧그리고 있다.

"오빠 서울 가서 공부할 때 엄마가 삼천 배 한 거, 알기나 해?"

언젠가 막내 여동생이 내게 던진 투정 섞인 말이다. 그랬을 것이다. 어머니는 백중이나 칠석날이면 몇 됫박의 쌀을 이고 이십 리 가풀막 길을 올라 이곳 청량사 유리보전에서 기도를 하셨다. 한낱 촌부인 어머니가 부처를 알기나 하셨을까? 그저 어머니에게는 자식이 부처였을 것이다. 자식이 밝은 길 가라고 손톱마디 까맣게 타도록 향을 사르고 오체투지 절을 했을 것이다.

아내 역시 두 아들의 어머니가 되었다. 상황은 다르지만 모성의 내력은 다르지 않을 것이다. 아내에게도 이제 두 아들이 부처인 셈이다. 자식을 향한 아내의 기도가 사뭇 애틋하게 전해져왔던 이유도 아내에게서 그 옛날 어머니의 모습을 떠올렸기 때문이리라. 아내의 기도가 어찌 자식의 안위만 바랄까? 법당을 자주 찾다보니 자연히 좋은 생각, 좋은 말, 좋은 행동을 하게 되더란다. 그런 업들이 쌓이다 보면 자식들도 깨끗하게 살 것이고 그렇게 조금씩 세상도 깨끗해질 거란다. 늘 하루하루

청정심으로 깨어 있는 것이 곧 부처에게 가는 길이란다.

그런가? 나 역시 부처를 잘 모른다. 가끔씩 선문 너머 풍경이나 엿보며 오다가다 공양 밥이나 축내는 속인일 뿐이다. 내가 청량사를 자주 찾는 이유도 다름 아닌 어머니 때문이다. 그 옛날 어머니가 자식을 위해 기도하던 그 법당에 앉으면 왠지 마음이 편해진다. 석탑이나 주련기둥에서 어머니의 체취가 느껴지는 것만 같았다.

어머니는 내게 등불 같은 존재였다. 진창길을 헤매면서도 언제나 믿는 바가 있었다. 삶이 힘들 때나 길이 잘 보이지 않을 때면 자주 어머니를 생각했다. 살아계셨다면 나에게 지금쯤 어떤 말씀을 하셨을까? 어떤 표정을 지으셨을까? 그렇게 어머니는 나에게 가야 할 길, 가지 말아야 할 길을 분별해주는 나침판이 되기도 했다. 한때 내가 어머니의 부처였다면 이제는 어머니가 나의 부처가 된 셈이다.

오늘도 아내는 자식을 위해 법당으로 갔다. 부처에게로 가는 길이 자식에게 있으니 그 역시 세속의 명리를 좇는 게 아니냐고 나무랄지도 모르겠다. 그러나 아무려면 어떨까? 그렇게 좌정하고 앉아 천수경 한 글자 깨우치다 보면 심신도 맑아지리라. 이웃과 낮은 곳으로 회향하는 지극한 보리심이 곧 부처에 이르는 길이라는 것도 덤으로 알게 되리라.

가끔씩 극락전을 서성이며 법고 울려 퍼지는 서천 노을을 바라본다. 그 옛날 어머니가 기도하던 모습이 오늘은 아내에게서 덧그려진다. 하루하루 일념 향을 사르며 108배로 발원하는 아내의 붓다, 모든 어머니의 붓다들이 이 가을에는 알찬 결실을 맺게 되기를 나도 가만히 기도한다.

동국창작 2011.『청동거울의 노래』

발을 잊은 당신에게

1.

이날까지 당신만 바라보고 살아왔어요. 당신의 육중한 무게에 눌려 숨죽이며 살아왔죠. 십 문반, 당신의 완고한 성채에 갇혀 퀴퀴한 생각만 키워왔어요. 별이 뜨는지 바람이 부는지 문밖의 세월은 몰라요. 젖은 길, 가시밭길, 발바닥 부르트도록 앞만 보고 걸어왔어요. 당신이 휘파람을 불며 들판을 지날 때나 파장 술에 업혀 뒷골목을 휘청거릴 때도 언제나 내 자리는 당신의 바닥이었죠. 젖은 바닥 노천탁자 밑에 쭈그리고 앉아 당신의 생각 없는 발장단에 비위 맞추며 늦은 귀가시간 기다려왔어요. 긴 세월 당신의 보폭에 순응하며 살아왔죠. 그런데 오늘은 문득 억울한 생각이 드네요.

오늘밤에도 당신 손은 애지중지 살구비누로 씻어주었죠. 발을 발로 씻는 당신의 습관은 세월이 가도 고쳐지질 않네요. 취중이었다고요? 늘 허드레 변명으로 위기를 모면하려는 당신, 생각해보세요. 당신이 나를 딛지 않고 어떤 일을 할 수 있죠? 꽃다발을 받거나 악수를 하거나 스테이크를 자르던 당신의 빛나던 손, 그 손의 숨은 조력자를 한 번이라도 생각해주었나요. 먼 길 함께 걸어온 나를 지긋이 바라본 적이 있었나요. 땅은 당신을 키우고 발은 당신의 일생을 지탱시키죠. 그러니 바닥과 맞닿은 것들은 대개 습하고 천하기 마련이란 당신의 편견은 오류 아닌가요. 느닷없이 쓰레기통을 차서 엄지발가락을 기절초풍하게 만들던 당신의 심술은 또 어떻고요. 발을 쥐고 아파서 쩔쩔매는 꼴이란.

당신은 그새 잠들었네요. 하루의 노동을 베고 누운 당신을 보니 조금은 안쓰러운 생각도 드네요. 생각해보면 당신과 사는 동안 행복했던 날이 영 없었던 것은 아니죠. 우리가 천방지축으로 뛰어놀던 시절이었어요. 밤송이에 찔려 엉엉 울던 당신 엄살을 생각하면 지금도 웃음이 나네요. 말간 발등이 땡볕에 보송보송 말라가던 시간이었어요. 당신은 신발을 벗어던지고 풍덩, 냇가로 뛰어들곤 했죠. 그땐 나를 끔찍이도 생각해주었죠. 따끈한 금모래로 발마사지를 해주거나 너럭바위에 걸터앉아 햇살찜질을 해주기도 했죠. 풀밭을 뛰어다니며 나비를 쫓고 천렵도 했어요. 여우비를 맞으며 방천을 달리기도 했죠. 발가락의 촉수는 온통 풀과 꽃과 태양을 향하던 맨발의 시절이었죠. 밤이면 대야 가득 물을 받아놓고 "어이구 이놈아, 발이 이게 뭐꼬!" 하시며 흙 묻은 발을 뽀득뽀득 씻어주던, 나를 금쪽같이 보듬어주시던 당신 어머니의 그 손을 잊을 수 있을까요. 그땐 행복했죠. 그러나 시간은 한곳을 맴돌지 않고 우리들은 자라죠. 자란다는 것은 슬픈 일인가요. 발이 자라면서 당신은 멀리까지 가게 되었죠.

2.

멀리 간다는 것은 발바닥에 물집이 생기는 일이고 그것은 아픔이고 슬픔이죠. 풀밭을 떠나면서 당신은 나를 잊었어요. 당신의 고행도 그때부터 시작되었죠. 작은 입들이 당신 신발에 승선하면서 삶의 보폭도 빨라졌죠. 급할수록 질러가던 당신, 언젠가 엇길로 들어 진창에 빠진 날도 있었죠. 허욕을 움켜쥐려다 그만 허방에 빠졌던가요. 그날 당신이 바닥이라고 탄식하며 주저앉았을 때 나는 떠나본 적도 없는 바닥을 걱정해야 했죠. 노심초사 발가락을 꼼지락거리며 당신의 직립의지를 읽느라 촉수를 곤추세웠죠. 어쩌겠어요. 우선은 먹고사는 일이 급했죠.

풍파가 거셀수록 당신과 나는 멀어져갔어요. 우리가 함께 뒹굴던 시간, 신발을 벗어두는 시간, 그러니까 나를 내려다보는 시간이 점점 줄어든 거죠. 언젠가 푸릇한 길 하나 오랫동안 굽어보던 당신, 서른이나 마흔 즘엔 습작노트 한 권 들고 사막이나 새들의 숲으로 가자던 당신의 옛 맹세는 어디로 갔나요. 그리고 보니 당신은 사막을 걷는 낙타였던가요. 발바닥에 사구砂丘처럼 불쑥 솟은 굳은살이 그것을 증명하네요. 당신 파랑 같은 생의 나날들이 굳은살로 새겨지는 동안 당신은 나를 잊고 나는 당신 속에서 시들어왔네요. 당신이 편애하는 손을 바라보며 볼품없이 늙어왔네요. 당신의 보폭에 하루의 운세를 맡기고 오늘도 먼 길 걸어왔네요. 당신의 손은 현실을 꿈꾸고 나는 당신 해진 신발 속으로 스며들던 한줌 햇살을 꿈꾸던 시간이었죠.

　신발을 벗어두고 떠나고도 싶었죠. 십 문반 당신의 먹살이 일생을 벗어나 발길 닿는 대로 흘러가고 싶었어요. 우리가 맨 마음으로 뒹굴던 그 풀밭을 떠올리기도 했어요. 야생의 발을 찾아 먼 유목의 초원을 꿈꾸기도 했죠. 은어 떼 날아오르는 바이칼이나 자작나무 숲을 생각하기도 했어요. 눈 덮인 오두막도 좋아요. 석 달 열흘쯤 세상으로 가는 문을 닫고 오롯이 당신과 독대하고 싶었죠. 대야 가득 물을 받아놓고 세상에 짓무른 상처 오래도록 다독이고 싶었어요. 순한 햇살에 자적自適하는 당신 모습 보고 싶었어요. 뜨거운 불심지 돋우고 순백의 문장 한 줄 받아 적고도 싶었죠. 사족 없는 맨발이면 어디든 좋아요. 내 온전한 의지로 직립의 풍적風跡을 찍으며 며칠이고 걷고 싶었죠. 무른 발가락에 파릇한 싹이 돋을 때까지, 한번은 내 생각대로 살고 싶었어요. 당신을 풀밭으로 그만 방목하고 싶었던 거죠.

3.

곤히 잠든 당신을 보네요. 발을 잊고 잠든 당신 모습이 참 평화로워 보이네요. 당신의 무관심을 먹고 무럭무럭 자란 저 발은 누구일까요. 문득 "소를 타고 소를 찾는다"던 선승의 말씀이 떠오르네요. 말씀의 궁극窮極은 다르지만 그런 생각이 드네요. 그랬군요. 처음부터 나였던 당신, 일체一體이면서 딴 마음을 품었던 나, 결국 내가 찾던 풀밭은 당신 신발이었군요. 알고 있죠. 나는 땅땅, 발바닥이란 천형을 선고받은, 당신 없이는 한 발짝도 움직일 수 없는 당신의 무기수인거죠. 가끔은 초원의 망루를 꿈꾸며 탈옥을 부추기기도 했지만 당신은 조롱박 같은 눈망울들이 달린 저 신발을 결코 벗을 수 없었던 거죠. 발의 인생사가 다 그런 것이었네요. 모두가 집으로 돌아가는 발걸음이었네요. 저마다 겹별 하나씩 간직한 채 '아' 하고 입 벌리는 불빛을 찾아가는 가난한 영혼의 유목민들이었네요. 어쩌죠? 이쯤에서 당신을 이해해야 하나요. 행장을 꾸렸다가 다시 푸는 여인의 마음이 이러할까요. 아침이슬을 묻히며 조붓한 오솔길을 걷는 것으로 위안해야 할까요.

언젠가 당신 고요히 수평에 드는 날, 욕망도 집착도 울음처럼 잦아드는 날, 그땐 신발을 벗을 수 있겠죠. 그때는 나도 바닥을 떠날 수 있을까요. 홀가분하게 날아오를 수 있을까요. 어쩌면 조금은 낯설기도 한 당신 평안한 얼굴 바라볼 수도 있겠죠. 발 '我'을 잊고 사는 당신, 그때까지 부디 강녕하세요. 참, 발은 꼭 손으로 씻으세요.

『시와 함께』 2022. 가을호

"이 도서는
2021년도 한국문화예술위원회창작기금
지원사업에 선정되어 발간된 작품입니다."